遠藤 浩著

民法基本判例

3

担保物権

信山社

はしがき

このシリーズの2のはしがきに、平成一二年の春に担保物権・債権総論をだしたいと書いたが、一年遅れて担保物権のみだすことにした。体調不良でおくれたものである。何とか近いうちに債権総論をだしたいものである。

平成一三年春

遠藤　浩

ii　民法基本判例 1　はしがき

この「民法基本判例1」は、「民法基本判例解説」として「民事研修」（いまは「みんけん」となっている）に連載中のもので、総則の部を一冊の本にまとめたものである。

広く法律に関連の深い事務に携っている一般職員にも理解でき、学生を含めた法律の勉強をしている者にも役立つようなものをという前提のもとに、検討のすえ、こういうタイプの判例解説を書くことにしたのである。

判例は、「民法基本判例集」（一粒社）を主として、他の判例集（解説集だが）などをも参考にしながら選び、そして新しいものを加えている。前述の一粒社の基本判例集は、我妻先生を長とする民法研究同人会（四宮、石川、遠藤、川井、児玉、清水、高橋、唄、水本、三藤の各教授がメンバーである）が、検討会を重ねつつ討論して作ったものである。これを参考にすれば間違いはない。しかし、選ぶにあたってはすべて出典にあたって事実をたしかめ、判例評釈などを読み、選んで解説を施すのに適したものであるかどうか吟味した。

迷ったのは、終戦までの片仮名の判決文をそのままの形でのせるかどうかであった。しかし、結局、原典どおりにした。苦労して読めばかえって意味がわかることも多いのと、判決文にある香気のようなものを失いたくなかったからである。何でも易きにつく傾向に逆ってもみたかった。

解説は、なるべくわかり易く、簡にすることにつとめた。司法試験を受けようとする者にも多少は役立つのではないかと思う。

法律に関心のある人、法律を学ぶ人に、こういう判例解説が読まれ、判例そのものに強い関心を払うように幾分でもなって頂ければ、この本の目的は達成されたことになる。その願いをこめて、物権篇、債権篇へと進みたい。

なお、この本の出版にあたっては、信山社の村岡侖衛氏に大変御世話になった。紙上を借りて厚く御礼を申しあげたい。

そして、民法研究同人会の諸兄に、討論の熱気を懐しみながら感謝の意を捧げるとともに、こういう形で本を出すことが我妻先生の学恩に万が一でも報ゆることになればと祈っている。

平成七年春

遠　藤　　浩

目次

はしがき

〔1〕留置権の成立要件（債権の物との牽連関係）――その一……1
最判昭和五一年六月一七日・民集三〇巻六号六一六頁

〔2〕留置権の成立要件（債権の物との牽連関係）――その二……6
最判昭和三四年九月三日・民集一三巻一一号一三五七頁

〔3〕留置権の成立要件（債権の物との牽連関係）――その三……9
最判昭和四七年一一月一六日・民集二六巻九号一六一九頁

〔4〕留置権の成立要件（占有が不法行為によって始まったものでないこと）……14
大判大正一〇年一二月二三日・民録二七輯二一七五頁

〔5〕留置権の不可分性……17
最判平成三年七月一六日・民集四五巻六号一一〇一頁

〔6〕留置権と留置物の保管義務——その一 …… 21
大判昭和一〇年五月一三日・民集一四巻八七六頁
〔7〕留置権と留置物の保管義務——その二 …… 25
最判昭和三〇年三月四日・民集九巻三号二二九頁
〔8〕留置権の行使と被担保債権の消滅時効の中断 …… 28
最判（大法廷）昭和三八年一〇月三〇日・民集一七巻九号一二五二頁
〔9〕日用品供給の先取特権 …… 33
最判昭和四六年一〇月二一日・民集二五巻七号九六九頁
〔10〕不動産賃貸の先取特権における目的物の範囲 …… 37
大判大正三年七月四日・民録二〇輯五八七頁
〔11〕動産売買の先取特権に基づく物上代位権の行使と債務者の破産 …… 41
最判昭和五九年二月二日・民集三八巻三号四三一頁
〔12〕第三取得者への追及力（先取特権） …… 46
大判大正六年七月二六日・民録二三輯一二〇三頁
〔13〕質権と代理占有の禁止 …… 50
大判大正五年一二月二五日・民録二二輯二五〇九頁

〔14〕 転質権――その一 …… 53
大刑決（連合部）大正一四年七月一四日・刑集四巻四八四頁

〔15〕 転質権――その二 …… 58
最決昭和四五年三月二七日・刑集二四巻三号七六頁

〔16〕 債権質権の質入債権に及ぼす拘束力 …… 62
大判大正五年九月五日・民録二二輯一六七〇頁

〔17〕 債権質権の効力の及ぶ目的債権 …… 66
最判昭和四〇年一〇月七日・民集一九巻七号一七〇五頁

〔18〕 抵当権の被担保債権――将来の債権 …… 70
最判昭和三三年五月九日・民集一二巻七号九八九頁

〔19〕 抵当権の効力の及ぶ目的物の範囲――その一 …… 74
最判昭和四四年三月二八日・民集二三巻三号六九九頁

〔20〕 抵当権の効力の及ぶ目的物の範囲――その二 …… 78
最判昭和五二年三月一一日・民集三一巻二号一七一頁

〔21〕 抵当権の効力の及ぶ目的物の範囲――その三 …… 82
大判（連合部）大正八年三月一五日・民録二五輯四七三頁

〔22〕工場抵当法第三条目録の効力……86
最判平成六年七月一四日・民集四八巻五号一一二六頁
〔23〕工場抵当権の目的とされた動産……90
最判昭和五七年三月一二日・民集三六巻三号三四九頁
〔24〕山林の抵当権と立木――その一……93
大判大正五年五月三一日・民録二二輯一〇八三頁
〔25〕山林の抵当権と立木――その二……97
大判昭和七年五月一八日・新聞三四〇七号一五頁
〔26〕物上代位による代位物――その一……101
大判（連合部）大正一二年四月七日・民集二巻二〇九頁
〔27〕物上代位による代位物――その二……105
最判昭和五八年一二月八日・民集三七巻一〇号一五一七頁
〔28〕物上代位による代位物――その三……108
最判平成元年一〇月二七日・民集四三巻九号一〇七〇頁
〔29〕法定地上権――その一……112
最判昭和三六年二月一〇日・民集一五巻二号二一九頁

〔30〕 法定地上権――その二 …… 116
最判昭和五二年一〇月一一日・民集三一巻六号七八五頁
〔31〕 法定地上権――その三 …… 120
最判昭和四八年九月一八日・民集二七巻八号一〇六六頁
〔32〕 法定地上権――その四 …… 124
大判（連合部）大正一二年一二月一四日・民集二巻六七六頁
〔33〕 法定地上権――その五 …… 128
最判平成二年一月二二日・民集四四巻一号三一四頁
〔34〕 法定地上権――その六 …… 133
最判平成六年一二月二〇日・民集四八巻八号一四七〇頁
〔35〕 法定地上権――その七 …… 137
最判昭和四六年一二月二一日・民集二五巻九号一六一〇頁
〔36〕 法定地上権――その八 …… 141
大判大正九年五月五日・民録二六輯一〇〇五頁
〔37〕 短期賃貸借の保護（三九五条）――その一 …… 145
最判昭和四三年九月二七日・民集二二巻九号二〇七四頁

〔38〕短期賃貸借の保護（三九五条）――その二 …… 149
最判昭和四五年六月一六日・判時六〇〇号八四頁
〔39〕短期賃貸借の保護（三九五条）――その三 …… 153
大判昭和六年七月二一日・民集一〇巻五八五頁
〔40〕短期賃貸借の保護（三九五条）――その四 …… 156
最判昭和五三年六月一五日・民集三二巻四号七二九頁
〔41〕短期賃貸借の保護（三九五条）――その五 …… 160
最判昭和三四年一二月二五日・民集一三巻一三号一六五九頁
〔42〕短期賃貸借の保護（三九五条）――その六 …… 163
最判平成三年三月二二日・民集四五巻三号二六八頁
〔43〕短期賃貸借の保護（三九五条）――その七 …… 168
最判平成元年六月五日・民集四三巻六号三五五頁
〔44〕共同抵当――その一 …… 172
最判昭和六〇年五月二三日・民集三九巻四号九四〇頁
〔45〕共同抵当――その二 …… 177
最判平成四年一一月六日・民集四六巻八号二六二五頁

〔46〕 第三取得者の地位――物上保証人から目的物を取得した者の地位 …… 181
最判昭和四二年九月二九日・民集二一巻七号二〇三四頁
〔47〕 滌除――その一 …… 184
大判昭和一〇年七月二一日・民集一四巻一四四九頁
〔48〕 滌除――その二 …… 188
最判平成九年六月五日・民集五一巻五号二〇九六頁
〔49〕 抵当権の処分――その一 …… 192
大判昭和七年八月二九日・民集一一巻一七二九頁
〔50〕 抵当権の処分――その二 …… 196
最判昭和三八年三月一日・民集一七巻二号二六九頁
〔51〕 抵当権の侵害 …… 200
大判大正二年一二月一一日・民録一九輯一〇一〇頁
〔52〕 抵当直流の特約 …… 203
大判明治四一年三月二〇日・民録一四輯三一三頁
〔53〕 抵当権の実行と順位 …… 206
最判昭和四一年三月一日・民集二〇巻三号三四八頁

〔54〕抵当権の消滅――債権が消滅した場合……210
大判大正九年一月二九日・民録二六輯八九頁
〔55〕根抵当権――その一……213
最判昭和五〇年八月六日・民集二九巻七号一一八七頁
〔56〕根抵当権――その二……216
最判平成五年一月一九日・民集四七巻一号四一頁
〔57〕譲渡担保――その一……220
大判昭和八年四月二六日・民集一二巻七六七頁
〔58〕譲渡担保――その二……227
大判大正三年一一月二日・民録二〇輯八六五頁
〔59〕譲渡担保――その三……231
大判大正五年九月二〇日・民録二二輯一八二一頁
〔60〕譲渡担保――その四……234
大判大正五年九月二〇日・民録二二輯一八二一頁
〔61〕譲渡担保――その五……237
大判（連合部）大正一三年一二月二四日・民集三巻五五五頁

〔**62**〕譲渡担保――その六 …………………… 240
大阪高判昭和四〇年三月一五日・判時四一一号六八頁
〔**63**〕譲渡担保――その七 …………………… 243
最判昭和三八年一月一八日・民集一七巻一号二五頁
〔**64**〕譲渡担保――その八 …………………… 246
最判昭和六二年一一月一〇日・民集四一巻八号一五五九頁
〔**65**〕譲渡担保――その九 …………………… 249
大判大正五年九月二〇日・民録二二輯一八二一頁
判例索引――巻　末

〔1〕 留置権の成立要件（債権の物との牽連関係）―― その一

最判昭和五一年六月一七日・民集三〇巻六号六一六頁

〔事　実〕 Xは、昭和一一年、本件土地を工場建設の目的で購入し、区画整理を終えたのちそのまま放置していたが、昭和一九年頃からY_1らにこの土地を耕作されていた（使用貸借と認定されている）。昭和二三年四月、土地農地委員会は、本件土地は、自作農創設特別措置法三条に該当するものとして買収計画を立て、これに基づいて政府は本件土地を買収し、Y_1らに売り渡した（Y_1らの中には転売した者もいる。取得時効の成否が大きな争点となったが、ここではこの点に関する問題は省略）。Xは、この買収計画は、自作農創設特別措置法五条に該当する買収除外地であるのを看過した点に違法があると主張して、買収計画取消訴訟を提起した（この訴訟はXの勝訴となって確定）。そこでXは、土地に建物を建てたりしているY_1を相手どって、買収計画取消判決が確定した以上、Y_1らは無権原の占有者であるとして、Y_1らの移転登記・仮登記の抹消と建物収去・土地明渡しを請求するとともに、占有期間中の損害金の支払を請求した。Y_1らは時効取得を主張するとともに、留置権の抗弁を提出した（①Y_2らは他人の物の売主であるY_1に対して損害賠償請求権を有しており、②Y_2は地盛工事、下水工事、水道引込工事の費用を支出したので、これらの債権に基づいて本件土地を留置するというものである）。原審は、留置権の抗弁を認めない。Y_1ら上告。

〔判　文〕　棄却「他人の物の売買における買主は、その所有権を移転すべき売主の債務の履行不能による損害賠償債権をもって、所有者の目的物返還請求に対し、留置権を主張することは許されないものと解するのが相当である。蓋し、他人の物の売主は、その所有権移転債務が履行不能となっても、目的物の返還を買主に請求しうる関係になく、したがって、買主が目的物の返還を拒絶することによって損害賠償債務の履行を強制するという関係は生じないため、右損害賠償債権について目的物の留置権を成立させるために必要な物と債権との牽連関係が当事者間に存在するとはいえないからである。……。

国が自作農創設特別措置法に基づき、農地として買収したうえ売り渡した土地を、被売渡人から買い受けその引渡を受けた者が、土地の被買収者から右買収・売渡処分の無効を主張され所有権に基づく土地返還訴訟を提起されたのち、右土地につき有益費を支出したとしても、その後右買収・売渡処分が買収計画取消判決の確定により当初に遡って無効とされ、かつ、買主が有益費を支出した当時右買収・売渡の無効に帰するかもしれないことを疑わなかったことに過失がある場合には、買主は、民法二九五条二項の類推適用により、右有益費償還請求権に基づき土地の留置権を主張することはできないと解するのが相当である。」

〔解　説〕　留置権の成立要件として、①債権と物との間に牽連関係があること、②債権が弁済期にあること、③留置権者が他人の物を占有していること、④占有が不法行為によって始まったものでないこと、があげられている。本判決は、このうちの①④に関するものである。

民法二九五条は、「其ノ物ニ関シテ生ジタル債権」といっているが、内容がはっきりしない。これは、債権と物との間の牽連関係をあらわしたものであるといわれている。学説はこの牽連関係を二つの基準で示している。ⓘ債権が物自体から発生した場合　たとえば、物の瑕疵から損害賠償請求権が発生した場合とか、他人の物の占有者が、その物に必要費や有益費を投じて費用償還請求権を取得した場合などである。ⓘⓘ債権が物の返還義務と同一の法律関係または事実関係から発生した場合　たとえば、売買契約から発生した物の引渡義務と代金債権のように同一の契約から物の返還義務と債権が発生したような場合とか、傘を相互にとり違えた場合の相互の返還請求権のような場合である。

本件は、違法な買収処分によってXの土地が買収され、政府によってY_1に売り渡され、それがY_2に転売されたが、その取消訴訟によって取り消されたため、上記の処分行為が遡って無効になったというものである。結果として、Y_1がXの土地を権原なくしてY_2に売ったということになる。いわゆる他人物売買である(なお、便宜のため、Y_1、Y_2と一人を単位とした)。Y_1がY_2に所有権の移転ができないなら、Y_2は、五六一条に基づいてY_1に損害賠償の請求ができる。Xの返還請求に対して、この債権の弁済があるまで渡さないといえるかが問題となったのである。Y_1のY_2への売買によって、此の二つの権利が生じたのだから、①のⅱにあたり、肯定してもよいようにも思われる。しかし、本判決は否定した。目的物の返還を拒絶してみたところで、損害賠償債務の履行を強制するという関係を生じないからであり、それは、Y_1は所有権移転債務が履行不能となっても、Y_2に対して目的物の返還を請求しうる関係にないからであるという。本判決は、物と債権との間の牽連関係を認めなかったのである。判例は、ⅱにあたるように見える場合でも、返還請求者が被担保債権の債務者である場合にのみ留置権を認めている。

私は判例の態度に賛成である。留置権は公平の観点から認められたものであるが、債権者の範囲を拡大することはこの理念に反するからである。

後段は④に関するもので、〔4〕でくわしくみるが、本判決は、占有の中途で瑕疵ある占有になった場合の問題で、善意の占有でも過失があると、それ以後の有益費の支出に対しては、民法二九五条二項を類推して留置権の成立を認めないというものである。すなわち、XがY₁らに対して違法な買収処分であったとしてその無効が主張され、返還の訴えがおこされた場合、処分が無効に帰するかもしれないことを疑わなかったことに過失があるとされたものである。

〔2〕 留置権の成立要件（債権の物との牽連関係）——その二

最判昭和三四年九月三日・民集一三巻一一号一三五七頁

〔事　実〕　Yは、昭和一九年一二月頃、Aからその所有の本件土地・建物を購入して居住しているが、上記売買にあたって、その代金を妹の夫Bから借りて支払ったので、その借金の担保（譲渡担保）として、本件不動産の登記名義を売主Aから直接にBの子C（未成年）名義に移した。ところが、Yが弁済する前に、BはCの法定代理人として上記不動産をDに売り渡し、さらにDはXに譲渡し、登記もXに移されている。なお、その際、Yの不法占拠を理由とする損害賠償請求権もXに譲渡され、Yに対して債権譲渡の通知をした。XよりYに対して右不動産の明渡しと損害賠償を請求した。これに対してYは、Bが本件不動産をDに譲渡したのは、借金を完済すれば名義を返還する旨の契約の違反であり、それによって、Bに対して、履行不能による損害賠償請求を取得した。これが支払われるまで本件不動産を留置するといい、かつ、C名義になっている間に建物に修理を加えその償還請求権をもっているので、本件不動産につき留置権をもっていると主張した。原審は、前段の損害賠償債権と不動産との間について牽連関係がないし、後段の修理費については、その当時は名義のいかんを問わず建物はまだY自身の所有であった（譲渡担保で内部的には所有権は移転していない）から、改修費を加えたとしても留置権は成立しない、とした。Y上告。

〔判　文〕 棄却「原審が確定した事実関係の下では、所論損害賠償請求権は、Bに対してなすは格別、Xにはこれを対抗し得ないのであるから、原判決が、右Bの債務不履行と本件不動産との間には、所論留置権発生の要件たる一定の牽連がないと認めた第一審判決を支持し、Yのこの点に関する主張を是認しなかったのは正当であって違法はない。

所論はひっきょう留置権の発生に関する独自の見解を前提として原判決を非難するに帰するから採るを得ない。」

〔解　説〕 本件事案を見ると、B（C）からD、それからXへの売却によって、YからB（C）への損害賠償債権が発生し、Xの返還請求権が生じたのだから、〔1〕でみたように①のⅱに該当するようにも見える。しかし、明渡請求権を行使するXが損害賠償の債務者ではない。こういう場合には、〔1〕でみたように判例は認めない。これが判例の態度である。

すでに述べたように、判例は、このような場合は、明渡請求を拒んだからといって、損害賠償債務を強制する関係にはない。すなわち、債権と物との間に牽連関係はない、といっている。この判決では、Yの損害賠償請求権はXに対抗し得ないのであるからといっているが、いままで述べてきたような事情を間接的にいっているのであろう。

〔1〕で述べたように、公平の観念からみて、やたらに債権者の範囲を拡げるべきでないと考えるから、判例の態度に賛成である。

〔3〕 留置権の成立要件（債権の物との牽連関係）――その三　対抗力、引換給付判決

最判昭和四七年一一月一六日・民集二六巻九号一六一九頁

〔事　実〕　Yはその所有の本件建物とその敷地をBに六八〇万円で売却し（この土地・建物はYとAとの共有であったが、わかり易くするためYの所有とした）、代金支払の方法を四つにわけ、その一つとして、三四五万円については、Bが他に土地を購入し、その上に建物を建て、これをYに譲渡することとし、この引渡しと引換えに売買の目的物である本件土地・建物の明渡しをすることにした。ところが、Bはこの義務を履行しないまま、Xからの借受金の担保として本件土地・建物を抵当にいれ、あわせて停止条件付代物弁済契約を結び、しかも弁済を怠ったため、Xが本件不動産の所有権を取得し移転登記を済ませるに至った。そこで、XからYに対し本件建物の明渡しを求めた。Yは、Bは代金を払わないのだから同時履行の抗弁権・留置権があると主張した。原審は、同時履行の抗弁権について、Yは売買契約の当事者でないXに対してこれを主張することはできないとし、ついで、留置権については、YはBに対して残代金債

権を有しているのではなく、売買の目的物とは無関係の前提した前述の土地などの引渡請求権を有するだけであり、この請求権ではXに対抗しえない――売買の目的物との間に牽連関係はない――のだから、留置権は成立しないとして、Xの請求をそのまま認めた。Y上告。

〔判　文〕　破棄自判「原審の右判断は首肯することができない。原審は、右確定事実のもとでは、売主であるYは売買の目的物の残代金債権を有しないというが、右確定事実によれば、残代金三四五万円については、その支払に代えて提供土地建物をYに譲渡する旨の代物弁済の予約がなされたものと解するのが相当であり、したがって、その予約が完結されて提供土地建物の所有権がYに移転し、その対抗要件が具備されるまで、原則として、残代金債権は消滅しないで残存するものと解すべきところ……、本件においては、提供土地建物の所有権はいまだYに譲渡されていない（その特定すらされていないことがうかがわれる。）のであるから、YはBに対して残代金債権を有するものといわなければならない。そして、この残代金債権は本件土地建物の明渡請求権と同一の売買契約によって生じた債権であるから、民法二九五条の規定により、YはBに対し、残代金の弁済を受けるまで、本件土地建物につき留置権を行使してその明渡を拒絶することができたものといわなければならない。ところで、留置権が成立したのち債務者からその目的物を譲り受けた者に対しても、債権者がその留置権を主張しうることは、留置権が物権であることに照らして明らかであるから……、本件においても、Yは、Bから本件土地建物を譲り受けたXに対して、右留置権を行使することをうるのである。もっとも、Xは本件土地建物の所有権を取得したにとどまり、前期残代金債務の支払義務を負ったわけではないが、このことはYの右留置権行使の障害となるものではない。……。

ところで、物の引渡を求める訴訟において、留置権の抗弁が理由のあるときは、引渡請求を棄却することなく、その物に関して生じた債権の弁済と引換えに物の引渡を命ずべきであるが……、前述のように、XはYに対して残代金債務の弁済義務を負っているわけではないから、Bから残代金の支払を受けるのと引換えに本件建物の明渡を命ずべきものといわなければならない。」

〔解　説〕　Bは、代金の一部である三四五万円について土地・建物をYに提供して弁済することを約しているのだから、代物弁済の予約がなされたものと本判決がしたのは妥当である。この予約完結権が行使されて、上記土地・建物の所有権がYに移転し、それについて対抗要件が具備される――この段階で代物弁済の効果が生じ、債権が消滅する――まで、Yに上記三四五万円の債権が存在する（最判昭和四〇年四月三〇日・民集一九巻三号七六八頁――代物弁済の判決）。このYの債権はBの有する引渡請求権と同一の売買契約によって生じた債権であるから、債権と物との間に牽連関係がある。かつ、弁済期が到来しているから、YはBに対して、この代金の弁済を受けるまで本件土地・建物につき留置権を行使できる。なお、この債権は一部が弁済された残りの債権であるが、担保物権不可分の原則により、全部の弁済を受けるまでは目的物の全部について行使できるから（三〇五条）、土地・建物全部を留置できるものである。

この留置権は、物権であるから、留置権成立後に、目的物を債務者Bから譲り受けた者（X）に対してもYはそれを主張することができる（最判昭和三八年二月一九日・裁判集民事六四号四七三頁——なお、留置権は登記すべき権利ではないから一七七条の適用はない）。Xが残代金の支払義務を負っているわけでないにしても、以上の結論に影響はない。なお、他の債権者が不動産を競売した場合には、この不動産の留置権者はこの買受人に対抗できるし、動産にあっては、このような場合に留置権者は目的物を執行官に提出することを拒むことができることになっている（民執五九条四項、一八八条、一二四条）。こう見てくると、留置権は極めて強い権利であることがわかる。

目的物引渡しの訴えに対して、被告が留置権を主張した場合、債務の完済までは原告に目的物引渡請求権はないものとして、原告敗訴になるという説もあるが、通説・判例（本判決も含めて）は同時履行の抗弁権についてと同様に、留置権の行使は抗弁権的効力しかなく、引換給付の判決をなすべきものだとしている。公平の観点からいっても、後説が妥当である。

〔4〕 留置権の成立要件（占有が不法行為によって始まったものでないこと）

大判大正一〇年一二月二三日・民録二七輯二一七五頁

〔事　実〕　AはYに建物を賃貸していたが、Yが賃料を支払わないので賃貸借契約を解除した。しかし、Yは建物を明け渡さないで占有を続け、自ら建物を修繕し有益費を支出した。その後、Aから右建物を譲り受けたXが、Yに対して、家屋明渡しならびに損害賠償を訴求、Yは、上記の有益費が支払われるまで建物につき留置権があると主張。原審は、賃貸借契約解除後は、Yは建物を不法に占有することになるとし、民法二九五条二項を適用して、Yの抗弁を排斥。Y上告（我妻編・民法基本判例集〔第六版〕を参照している）。

〔判　文〕　棄却「民法第二九五条第二項所謂《いわゆる》占有ガ不法行為ニ因リテ始マリタル場合トハ、不法行為ニ因リテ他人ノ物ノ占有ヲ取得シタル場合即《すなわち》占有ヲ取得シタル行為自体ガ不法行為ナル場合ヲ指称スルモノナレバ、不法行為ニ因リテ他人ノ物ノ占有ヲ取得シタルニ非ザル場合ニハ、占有者ノ善意ナルト悪意ナルトヲ問ハズ同条項ヲ適用スベキ限ニ在ラザルガ如シト雖《いえど》モ、法ガ不法行為ニ因リテ始マリタル占有ノ場合ニ占有者ニ留置権ヲ与ヘザル所以《ゆえん》ノモノハ、如此《かくのごとき》占有者ハ其占有ノ不法ナルガ為メ之ヲ保護スルニ値セズト為スニ外ナラズシテ、占有ガ不法行為ニ因リテ始マリタルニ非ザル場合ト雖《いえど》モ、占有スベキ権利ナキコトヲ知リナガラ他人ノ物ヲ占有スル者ニ在テハ、其占有ハ同ジク不法ナルヲ以テ、類推解釈上斯《かか》ル占有者モ民法第二九五条ニ依リ留置権ヲ有セザルモノト為サザル可ラズ。是故《このゆえ》ニ他人ノ者ヲ賃借シタル者ハ、賃貸借ノ解除セラレタル後ニ賃借物ノ為メ費シタル金額ノ償還請求権ヲ担保スルガ為メニ賃借物ヲ留置スルコトヲ得ズ。何トナレバ、賃借人ハ賃貸人ノ解除セラレタル以上ハ賃借物ヲ占有スベキ権利ナク、又其権利ナキコトヲ知リタルモノト推定スベキハ当然ナレバナリ。」

〔解　説〕　民法二九五条二項は、占有が不法行為によって始まった場合は留置権は成立しないものと定めている。たとえば、他人の者を盗んだ者が、その物を修繕した場合、その修繕費の償還請求権について留置権は生じない。かかる者に対して、留置権を認めて特に保護する必要はないからである。なお、占有が不法行為によって始まった場合のなかに、債務者に対抗しうる占有の権原がなく、しかもそれを知りまたは過失によってしらないで占有を始めた場合も含んでいる（最判昭和五一年六月一七日・民集三〇巻六号六一六頁〔1〕）。

問題は、本判決のように、占有開始時は適法な占有であったが、後に無権原占有と化し、その折に占有物に関して債権を取得する場合である。この場合の留置権の成否に関し、一九六条二項但書との関係において問題をどう考えるかである。大きくいえば二つに分かれる。

一つは、本判決のとる立場で、二九五条二項を類推適用するものである。しかも、善意・有過失者にも類推適用し、留置権を否定する（前述昭和五一年判例）。この系譜に属するものでも、類推適用を認めるものを、不信行為者（我妻・三六頁）、あるいは悪意者（石田（文）上二四五頁）に限定する説もある。

一つは、一九六条二項但書を適用する考え方である。一九六条は、無権原占有者が占有物に投じた有益費の償還請求権を定めているが、悪意占有者への償還義務については、裁判所が相当の期限を許与しうるものとしている。この但書の規定は、悪意占有者の有益費償還請求権について留置権を否定するものであり、そのために設けられたものであるとする（四宮・法協九〇巻六号所収など）。この考え方は、必要費についてはつねに留置権を認め、有益費償還については、裁判所の裁量によって、期限許与という方法によって留置権を奪おうとするものである（この分類などは、高木・担保物権法二六頁による）。

私は、判例の考え方に賛したい。

〔5〕 留置権の不可分性

最判平成三年七月一六日・民集四五巻六号一一〇一頁

〔事　実〕　Yは、Aから本件土地を含む本件造成地の住宅造成工事を代金二三〇〇万円で請け負った。代金は三回にわけて支払う約束で、二回分は受領した。Yは、工事が完了した部分から、分筆してAに引き渡したが、その残部が本件土地である。工事は完了していたが、Aの依頼で、Yは本件土地上にプレハブ建物を建築し、Aに一〇〇〇万円で売却したが、Aが代金を払えなかったため、右建物を譲渡担保として取得し、引渡しを受けた。他方、その直後に、Aは、本件土地を含む本件造成地をBに譲渡担保に供し、Bが所有権を取得した後、BはXに譲渡し、移転登記手続をおえた。Xが、本件土地に建物を所有しこれを占有しているYに、建物収去・土地明渡し等を求めたのに対し、Yは、残代金一三〇〇万円の未払いを理由に、留置権に基づきXに対する土地の明渡しを拒絶した。第一審、第二審は、残代金は、すべて本件土地のための費用といえないこと、Yが造成を完了した土地を順次にAに引き渡していったことから、その部分について留置権を放棄していったと解せられるから、残金全額を本件留置権の被担保債権とすることは相当でなく、本件請負代金全額のうち、本件造成地に占める本件土地の面積分に相当する金額と解するのが相当であるとした（一九〇万円余となる）。Yは、民法二九六条の不可分性に反するとして上告。

〔判　文〕破棄自判「原審の右判断は是認することができない。その理由は次のとおりである。

民法二九六条は、留置権者は債権の全部の弁済を受けるまで留置物の全部につきその権利を行使し得る旨を規定しているが、留置権者が留置物の一部の占有を喪失した場合にもなお右規定の適用があるのであって、この場合、留置権者は、占有喪失部分につき留置権を失うのは格別として、その債権の全部の弁済を受けるまで留置物の残部につき留置権を行使し得るものと解するのが相当である。そして、この理は、土地の宅地造成工事を請け負った債権者が造成工事の完了した土地部分を順次債務者に引き渡した場合においても妥当するというべきであって、債権者が引渡しに伴い宅地造成工事代金の一部につき留置権による担保を失うことを承認した等の特段の事情がない限り、債権者は、宅地造成工事残代金の全額の支払を受けるに至るまで、残余の土地につきその留置権を行使することができるものといわなければならない。

（本件土地は本件造成地の一部で、Yは工事代金中一三〇〇万円の支払いを受けていないのだから、それを受けるまで本件土地を留置することができる。そうすると、Xの請求は、YがAから一三〇〇万円の支払いを受けるのと引き換えに本件土地上の本件建物を収去してその敷地の明渡しを求める限度で容認し、その余を棄却すべきものである。）」

〔解　説〕 担保物権の不可分の原則とよばれるもので、判文がいっているように、債権の全額の弁済を受けるまで、留置物の全部を留置することができるとされている（民二九六）。これによって被担保債権の担保力が一層強化されることになる。

本判決が問題にしたのは、本件造成地ができたものから順次に債権者に渡しているという事実と、代金について一部弁済を受けているという事実である。前者について、引き渡した土地は留置権者が占有を喪失するから、それに伴って留置権も失うものとしている。原審（第一審も含めて）は、その喪失の割合で、被担保債権も縮少すると考えた。それは、道理に合わないと本判決はいうのである。そのうえで、引き渡さないで残った土地につき、残代金全額を担保するため留置権が成立するとしている。妥当な見解というべきである。

なお、本判決は、造成宅地の一部引渡しによって、残代金について留置権による担保を失うことを特約していれば別だといっている。

この不可分の原則は、結局、債権のどの部分をとっても、目的物全部につき留置権が成立していることを意味する。

丁度その逆に、目的物のどの部分についても、被担保債権全額を担保するという関係がある。これも不可分性である。たとえば、母屋と離れについて留置権が成立している場合に、母屋が不可抗力で滅失した場合に、担保を増せとは請求できず、残った離れにつき、被担保債権全額の担保のために留置権が成立するというものである。もっとも、かかる場合に、担保を増すといういわゆる増担保の特約があれば別である。

〔6〕 留置権と留置物の保管義務——その一　保存に必要な使用の範囲

大判昭和一〇年五月一三日・民集一四巻八七六頁

〔事　実〕 YはAから建物を賃借していたが、Aからこの建物を買い受けたXは、賃貸借の承認を拒否して、Yに対し明渡しを求めた（この建物の所在地域では、当時、借家法の適用はなかった）。そして、売買当時から明渡しに至るまでの賃料相当額の損害金を請求した。Yは、Aから賃借中に建物に加えた必要費および有益費につき留置権を行使すると抗弁した。これに対しXは、Yが引き続き建物に居住して使用するのは、「保存ニ必要ナル使用」に該当しないとして、留置権の消滅を請求した。原審はXの主張を認めた。Y上告（我妻編・民法基本判例集〔一三二〕を参照している）。

〔判　文〕 破棄差戻「家屋ノ賃借人ガ其ノ賃借中支出シタル必要費若ハ有益費ノ為メ留置権ヲ行使シ其ノ償還ヲ受クル迄従前ノ如ク当該家屋ニ居住スルハ、他ニ特殊ノ事情ナキ限リ民法第二九八条第二項但書ノ所謂《いわゆる》留置物ノ保存ニ必要ナルモノト解スルヲ妥当トス。蓋家屋ノ留置権者ハ其ノ家屋ヲ空家トシ或ハ番人ヲ附シ保管セシメザルベカラザルモノトセンカ、之ガ為メ更ニ保管費等ヲ要シ所有者ノ負担ヲ加増スルノ不利益アルノミナラズ、又家屋ノ保存上ヨリスルモ特別ノ事情ナキ限リ留置権者ガ従前ノ如ク居住使用スルノ適切ナルニ如《し》カザルヲ以テナリ。然ラバ原審ガ前述ノ如ク何等特殊事情ノ存否ニ付審査スルコトナクYノ本件家屋ノ居住使用ガ保存ニ必要ナルモノニ非ズト為シ、Xノ留置権消滅請求ノ効果ヲ肯認シテ家屋ノ明渡ヲ命ジタルハ、前示法条ノ解釈ヲ誤リタル結果審理ノ不尽ヲ来シタルモノト云ハザルヲ得ズ。既ニ不法占拠ニ非ズトセバ、損害ノ賠償ヲ命ジタル原審判決モ亦従テ其ノ当ヲ得タルモノト云フベカラズ。然レドモXノ本訴請求ノ趣旨ハ要スルニYノ本件家屋ノ占有期間内一箇月六円宛ノ割合ニ依ル全員ノ支払ヲ訴求スルニ在リテ、損害金トハXガYノ居住ヲ以テ不法占拠ナリトスル自己ノ法律上ノ見解ニ基ク主張タルニ過ギズ。若シ不法占拠ニ非ズトスルモ同一金額ノ償還ヲ受クルコトヲ得ベシトセバ、敢テ必シモ損害賠償ノ名目ニ拘泥《こうでい》スルコトナクシテ其ノ償還ヲ請求スルノ意思ナキモノト即断スルヲ得ザルモノアリト云ハザルヲ得ズ。故ニ原審ハ須《すべから》クXヲシテ此点ノ訴旨ヲ釈明セシメテ相当ノ判断ヲ為スノ要アルモノトス。」

〔解　説〕　民法二九八条二項は、留置権者は債権者の承諾なくして「留置物ノ使用」をすることを禁じているが、但書で「其ノ物ノ保存ニ必要ナル使用ヲ為スハ此限ニ在ラズ」としている。

本問で問題になったのは、借家人が借家期間中に支出した必要費や有益費に基づく留置権の行使として、借家に従前通り居住することが、この但書に該当するかというものである。判例は、はじめ、但書の適用を認めず、これは使用にあたり、家主の同意のないときは許されないとし、家主の留置権消滅請求を認めた（大判昭和五年九月三〇日・新聞三一九五号一四頁）。原審はこれに従ったのである。

本判決はこれを改め、但書の適用を認めた。その根拠として、①もし、これを認めなければ、留置権者は、この建物を空家として保管するとか、番人をおいて保管しなければならないとすると、留置権者に保管費を負担させたり、所有者がそれをかぶるという不利益をうけること、②家屋の保存からいっても居住していることがむしろいい状態で維持できること、をあげている。②をとくに重視していると思われる。建物は、人が住んでこそ長持ちさせるというわけである。

この判例をそのまま是認する学説もあるが、次のように制限的に認めようとする学説があることを注意しなければならない。すなわち、これを原則的に認めるとしても、留置権が消滅した場合には、遅滞なく引き渡すことができる態勢をつくりながら従前の使用状態を継続させるという範囲に限定すべきであるというものである（我妻・担保物権法三八頁など）。私もこの説に賛成である。

ところで、本判決で償還云々といっているのは——。借家人の占有は不法占拠でないから、損害賠償の問題にならないが、そこに継続して居住することは利得であるから、通常は、賃料相当額を不当利得として所有者に返還しなければならないということである。もっとも、これは、被担保債権の弁済に充当することができる。

〔7〕 留置権と留置物の保管義務——その二　保存に必要な使用の範囲

最判昭和三〇年三月四日・民集九巻三号二二九頁

〔事　実〕 Xは、Yに本件船舶を売却し、その引渡しおよび登記・登録の手続も終ったが、Yが代金を完済しないので売買契約を解除した。しかし、解除後もYはXの承諾を得ないで引き続き右船舶を使用し、この船舶の本籍地が熊野地方であるのに遠く山口県あたりまで貨物の運送業務に従事し運賃収益をあげていた。そこで、XからYに対し、右船舶の返還及び所有権移転・登録と、解除後引渡しまでの損害金を訴求。Yは、右船舶の占有中に、解除の前後を通じて、右船舶を修繕した。その費用の償還を受けるまで留置権を行使すると抗弁。Xは、民法二九八条三項(債務者の承諾なくしてなされた使用による留置権の消滅請求)によって留置権は消滅したと主張する。原審は、解除前の留置権はXの消滅請求により消滅し、解除後の修繕費に基づく留置権は認められないとしたXの主張を認めた。Y上告して、適度の運航使用は保存行為であるという。

〔判　文〕　棄却「原判決は、Yが本件売買契約の解除後もXの承諾なく本件船舶（木造帆船、総屯数四六屯八一、純屯数二九屯九四、昭和八年二月進水のもの）を名古屋、大阪から遠く山口県下方面にまで航行せしめて貨物の運送業務に従事し、運賃収益をえていたとの事実を確認した上、Yのかかる遠距離にわたる船舶の使用は、よしや契約解除前と同一の使用形態を継続していたものであったとしても、その航行の危険性等からみて、留置権者に許された留置物の保存に必要な限度を逸脱した不法のものと認むべく、したがってこのことを理由としてXのなした留置権消滅の請求は有効である旨判示したのであって、右判断は相当と認められる。」

〔解　説〕　本判決も前出〔6〕の昭和一〇年の判決と同じく民法二九八条の二項但書の「保存ニ必要ナル使用」とは何かが問題になったものである。この問題の事例として、よく留置した乗馬を乗用する場合とか、留置した機械の運転を休止すると錆を生ずるおそれがあるので適度に使用する場合などがあげられる。このような留置権発生後開始された使用について問題になった事例は判例上ほとんどあらわれない。あらわれてくるのは、本判決のように、留置権者が留置権発生前からの使用を継続しているという場合である。〔6〕では、借家について、従来通りの使用が、保存に必要な使用と認めた。ところが、本判決では、逆にそれに該当しないとした。このような遠距離にわたる船舶の使用は、それが契約解除前の使用形態と同一であっても、その航行の危険性からみて、保存に必要な使用の限度を逸脱しているとした。

留置物が土地である場合は、判例は、留置権者自らが使用している場合は、使用を肯定し（大判昭和一六年四月三〇日・法学一〇巻一〇九七頁）、他人をして利用させる場合は否定する（大判昭和一〇年一二月二四日・新聞三九三九号一七頁）。

どこに基準をおくべきかについて、元来、留置権者は善良なる管理者の注意をもって保存行為をなす義務があり、そのうえで留置権者と債務者との利益を較量しながら、留置物の保存にもっとも有利な方法を選ぶべき義務が留置権者にあるとして、だいたい判例の結論に賛成する。これに対して、留置権者は、引き続き占有する権利なのだから、原則として、従前の占有状態を継続すること、すなわち従前通り使用を継続することは差支えないと解すべきだという見解もある。

なお、民法二九八条三項の消滅請求は形成権であり、請求の意思表示によって留置権の消滅という効果を生ずるのである。

〔8〕 留置権の行使と被担保債権の消滅時効の中断

最判（大法廷）昭和三八年一〇月三〇日・民集一七巻九号一二五二頁

〔事　実〕　Xの先代AはB銀行に対して借入金の担保（質）として本件株券を差し入れていたが、XはBに対する債権の整理をY（Aの弟）に一任した。Yは、昭和二二年六月二三日、債務を完済したが、本件株券は、当時、在外資産として移転が禁止されていたため、返還を受けられず、昭和三〇年三月に至って返還を受けた。XはYに株券の返還を訴求。Yは、弁済により株券の上の担保権を代位取得した。そうでなくてもBへの債務弁済は委任事務処理のための支出費用であるから、その償還を受けるまで本株券を留置すると抗弁した。そこで、Xは、YがBのXに対する債権・担保権を取得したとしても、その債権（手形債権）は時効消滅しているから、担保権も消滅していると主張した。これに対して、Yは、留置権を主張した時に時効は中断していると反論した。原審は、この中断を認めた。そこで、X上告。

〔判　文〕　棄却「民法三〇〇条は『留置権ノ行使ハ債権ノ消滅時効ノ進行ヲ妨ケズ』と規定す

る。その趣旨は、留置権によって目的物を留置するだけでは、留置権の行使に止り、被担保債権の行使ではないから、被担保債権の消滅時効の中断、停止の効力を生ずるものでないことを規定したものと解するのを相当とする。従って、単に、留置物を占有するに止らず、留置権に基づいて被担保債権の債務者に対して目的物の引渡を拒絶するに当り、被担保債権の存在を主張し、これが権利の主張をなす意思が明らかである場合には、留置権行使と別個なものとしての被担保債権行使ありとして民法一四七条一号の時効中断の事由があるものと認めても、前記三〇〇条に反するものとはなし得ない。

そして、訴訟において留置権の抗弁を提出する場合には、留置権の発生、存続の要件として被担保債権の存在を主張することが必要であり、裁判所は被担保債権の存否につき審理判断をなし、これを肯定するときは、被担保債権の履行と引換に目的物の引渡をなすべき旨を命ずるのであるから、かかる抗弁中には被担保債権の履行さるべきものであることの権利主張の意思が表示されているものということができる。従って、被担保債権の債務者を相手方とする訴訟における留置権の抗弁は被担保債権につき消滅時効の中断の効力があるものと解するのが相当である。固《もと》より訴訟上の留置権の主張は反訴の提起ではなく、単なる抗弁に過ぎないのであり、訴訟物である目的物の引渡請求権と留置権の原因である被担保債権とは全く別個な権利なのであるから、目的物の引渡を求むる訴訟において、留置権の抗弁を提出し、その理由として被担保債権の存在を主張したからといって、積極的に被担保債権について訴の提起に準ずる効力があるものということはできない。従って、原判決が本件の留置権の主張に訴の提起に準ずる時効中断の事由があると判断したことは、法令の解釈を誤ったものといわなければならない。

しかし、訴訟上の留置権の抗弁は、これを撤回しない限り、当該訴訟の係属中継続して目的物の引渡を拒否する効力を有するものであり、従って、該訴訟が被担保債権の債務者を相手方とするものである場合においては、右抗弁における被担保債権についての権利主張も継続してなされているものといい得べく、時効中断の効力も訴訟継続中存続するものと解すべきである。そして、当該訴訟の終結後六ヶ月内に他の強力な中断事由に訴えれば、時効中断の効力は維持されるものと解する。然らば、本件留置権の主張は裁判上の請求としての時効中断の効力は有しないが、訴訟係属中継続して時効中断の効力を有するものであるから、本件につき被担保債権の時効は完成しないとして、留置権の存続を肯定した原判決の判断は、結局これを正当として是認し得るものというべきである。」（訴えの提起に準ずる強い中断の効力を認むべきだという少数意見がある）（我妻編・民法基本判例集第六版を参照している）。

〔解　説〕　留置権の行使とは、占有を継続することだから、論理的に被担保債権の消滅時効とは関係がないともいえる。立法者は、もっと実質的に、留置権者が目的物を占有しておれば、被担保債権は消滅しないという利益を与えると、被担保債権の行使を怠るという弊害を生ずるおそれがあると考え、このように（三〇〇条）立法したともされている。

ところで本判決は、①留置権を抗弁とする場合、留置権の発生・存続の要件として被担保債権の存続を主張することが必要であり、裁判所がこれを肯定する——確定という言葉は訴訟物になった場合以外使わないようである。よもやそれが覆えることはあるまいというときに使うようである——ときは、被担保債権の履行と引換えに目的物の引渡しをなすべき旨を命ずるのであるから、かかる抗弁中に履行すべき旨の権利主張があると認めていいから時効中断の効力があると認めてよい。②しかし、留置権は単なる抗弁としてなされるもので、被担保債権の存在が訴訟物となっていないのだから、積極的に被担保債権について訴えの提起に準ずる効力があるものとすることはできない。③しかし、訴訟の係属中、被担保債権についての権利主張も継続してなされている、すなわち催告という状態があると考えていいから一五三条によって、訴訟の終結後六ヵ月内に強い中断の事由に訴えれば、時効中断の効力を生ずるものである。

この判決の態度は、その後、抵当権の登記抹消請求事件において、被担保債権の時効が中断するという判決があらわれるに及んで（最判昭和四四年一一月二七日・民集二三巻一一号二二五一頁）変更されたとみる見解もある（訴訟物は登記請求権であるが被担保債権につき強い中断の効力を認めたから）。これに対して、留置権の主張は単に抗弁としてなされるもので、抵当権の登記の抹消請求は被担保債権の存在と直結するから、両者には差があるとこの判決の調査官は解説している（野田・昭和四四年度八六事件解説）。

私は本判決の少数意見に賛成である。抗弁としてなされようと、債権の存在が肯定されれば、権利主張が裁判という場で一応認められたのだから、裁判上の請求に準ずるものとして強い効力を認めてよい。

〔9〕 日用品供給の先取特権

最判昭和四六年一〇月二一日・民集二五巻七号九六九頁

〔事　実〕　X市は有限会社Aに対して水道料金債権をもっていたが、Aが破産宣告を受けたので、裁判所に優先破産債権として、この債権の届出をして受理された。しかし、Aの破産管財人Yがその優先権について異議を述べたので、Xから水道料金債権は民法三〇六条四号、三一〇条により破産法三九条所定の優先破産債権に該当するとしてその確定を訴求。争点は、(i)債権者側の資力、性格が問題になるか、(ii)水道水は三一〇条の飲食品にあたるか、(iii)法人は債務者にあたるか、である。第一審、第二審ともに(i)(ii)は肯定したが、(iii)は見解がわかれた。第一審は、債務者が法人であっても、結局はその機関、従業員などの自然人の日常生活の必要のために使われたのだから先取特権は成立するとしたが、第二審は、法人は、三一〇条の「債務者」「其ノ扶養スベキ同居ノ親族」「僕婢《ぼくひ》」に該当しないとして同条の適用を否定した。X上告して、相当規模以上の法人と個人営業と同視されるような零細企業の法人をわけるべきで、後者については適用すべきだと主張する。

〔判　文〕　棄却「論旨は、民法三一〇条の債務者には自然人のみならず法人も含まれるとし、Xが、破産者有限会社Aに対し、Aが破産宣告を受ける前に供給した水道水は、同法三〇六条四号、三一〇条の日用品（飲食品）にあたり、Xは右水道水の料金債権（以下、本件債権という。）につき一般先取特権を有するから、本件債権は破産法三九条により優先権ある破産債権に該当するというものである。

思うに、民法三〇六条四号、三一〇条の法意は、同条の飲食品および薪炭油の供給者に対し一般先取得権を与えることによって、多くの債務を負っている者あるいは資力の乏しい者に日常生活上必要不可欠な飲食品および薪炭油の入手を可能ならしめ、もってその生活を保護しようとすることにあると解される。かかる法意ならびに同法三一〇条の文言に照らせば、同条の債務者は、自然人に限られ、法人は右債務者に含まれないと解するのが相当である。もし法人が右債務者に含まれると解するならば、法人に対する日用品供給の先取特権の範囲の限定が著しく困難になり、一般債権者を不当に害するに至ることは明らかである。そして、このような解釈は、法人の規模、経営態様等のいかんを問わず妥当するものというべきであり、本件における破産者有限会社Aの如きいわゆる個人会社であっても結論を異にするものではない。

したがって、右と同一の解釈のもとに、Xは一般先取特権を有せず、それ故、本件債権は優先権ある破産債権とはいえない旨の原審の判断は正当として是認することができる。所論は、右と異なる見解に立脚し、原判決の違法をいうものであって、採用することができない。」

〔解　説〕 先取特権というのは、ある特定の債権について、債務者の一般財産、債権と関連のある特定の動産、不動産につき、他の債権者に先立って弁済してもらえる法定担保物権の一つである（民法三〇三条以下）。これを認める根拠として以下の三つがあげられている。①公平の原則（たとえば、債権者が債権を保存するため詐外行為取消権を行使した場合、他の債権者もその利益をうけるが、行使の費用につき債権者が先取特権をもつ〔三〇七条〕のがこれにあたる）。②当事者の意思の推測（たとえば、旅館は客の手荷物の上に先取特権をもつが〔三一七条〕、当事者はこの手荷物を担保とするという暗黙の合意をしていると考えるのである）。③社会政策（たとえば、使用者が倒産した場合、労働者が未払賃金につきもつ債権と巨大銀行がもつ債権とを同格に扱って、配当が一割にもみたないというのでは、労働者は生活できなくなる。そこで、労働者は使用者の一般財産につき先取特権を認めた〔三〇八条〕）。

本判決の先取特権はその根拠を③におく。判決文がいっているように、貧困者の生活がなりたつように社会政策的考慮から設けられたもので、その保護の範囲は、債務者自身（多くは世帯主であろう）またはその扶養すべき同居の親族（配偶者など、これには内縁の配偶者も含む（大判大正一一年六月三日・民集一巻二八〇頁）および僕婢（いまではお手伝いさんであろうが、これらの者をやとっている世帯は貧困ということはないであろうから、遠縁の老人が頼ってきて住んで少しは仕事をしているような場合であろうか）である。したがって、法人など含ませるべきでないことは立法の趣旨からいって妥当である。本条が日用品としてあげているのは、飲食品および薪炭油であるが、時の流れとともにその内容についても広く含みをもたせる必要がある。たとえば、プロパンガスなども含むというように。そこで債権者であるが、本条の立法趣旨からみて、こうした者に最終的に渡す者、すなわち小売商をさすこと明らかで、卸売商などは入らないと解すべきである。

〔10〕 不動産賃貸の先取特権における目的物の範囲

大判大正三年七月四日・民録二〇輯五八七頁

〔事　実〕 Xが債務者Aの有体動産について強制執行をしたところ、家屋賃貸人Yが不動産賃貸の先取特権に基づいて配当要求をした。Xは、Yの先取特権の及ぶ範囲を争い、配当異議の訴えを提起。Xは、Yの先取特権がAの箪笥《たんす》・畳・唐紙障子・チャブ台・座布団《ざぶとん》・花瓶・長火鉢・莨盆《たばこぼん》・二枚双（?何を指すかわからない）などに及ぶことは争わないが、建物の利用とは無関係の職業・営業又は一身の生活のために使用する目的で家屋内に一時存置せしめた物、たとえば内職としての賃挽用（賃銭をとって糸を紡ぐため）の糸挽鍋・小枠・座繰・揚台枠付きなどは、借家に「備付ケタル動産」とはいえないから、これらには及ばないと主張した。原審は、金銭・有価証券・飲食物・衣類・宝玉・貴金属などは借家に「備付ケタル動産」とはいえないが、建物に常置されていなくても、一定期間継続して建物に存置するものであれば、建物の利用と関係のある必要はなく、したがって、日常生活用の家具たると職業上営業上の機械器具たるとを問わず、建物に「備付ケタル動産」に該当するとした。X上告（我妻編・民法基本判例集〔第六版〕参照）。

〔判　文〕　棄却「民法第三一三条第二項ニ『建物ノ賃貸人ノ先取特権ハ賃借人ガ其建物ニ備付ケタル動産ノ上ニ存在ス』ト規定シタル所以《ゆえん》ハ、建物ノ賃借人ガ賃借人トシテ其建物内ニ或時間継続シテ存置スル為メ持込ミタル動産ハ賃貸借ノ結果其建物ニ存在スルニ至リタルモノニシテ賃借人ハ之ガ存置ノ為メ建物ヲ利用スルモノナルガ故ニ、之ニ付賃貸人ニ先取特権ヲ付与スルヲ適当ナリトシタルニ依ル。是故《これゆえ》ニ建物ノ賃貸人ノ先取特権ノ目的タル動産ハ、賃借人ガ賃貸借ノ結果或時間継続シテ存置スル為メ其建物内ニ持込ミタル動産タルヲ以テ足リ、其建物ノ常用ニ供スル為メ之ニ存置セラルル動産タルヲ要スルコトナシ。従テ建物賃貸人ノ先取特権ハ金銭、有価証券、賃借人其家族ノ一身ノ使用ニ供スル懐中時計宝石類其他全ク建物ノ利用ニ供スル目的ナク又之ニ常置セラレザル物ノ上ニモ存在スルコトヲ得ルモノナリト謂《い》ハザルヲ得ズ。之ヲ沿革ニ徴スルモ、民法第三一三条第二項ノ規定ハ旧民法債権担保編第一四七条第一項ニ『居宅倉庫其他ノ建物ノ賃貸人ハ賃借人ノ使用又ハ商業ノ為メ此建物内ニ備ヘタル動産物ニ付キ先取特権ヲ有ス』トアリシヲ修正シタルニ依リ生ジタルモノナリ。旧民法ニ『此建物内ニ備ヘタル動産物』トアリシハ単ニ此建物ニ置キタル動産ト云フノ意ニ過ギザルヤ明カナリ。若《も》シ然ラズシテ建物ノ常用ニ供スル為メ存置シタル動産ノ意ナリトセバ、同条第三項ノ『賃貸人ノ先取特権ハ現金ニ付キ又賃借人及ビ其家族ノ一身ノ使用ニ供シタル金玉宝石ニ付キ又無記名ナルモ証券ニ付キ之ヲ行フコトヲ得ズ』トノ規定ナキモ現金其他ハ先取特権ノ目的タル動産中ニ包含セザルベク、第三項ノ規定ヲ設クルノ必要アラザレバナリ。而《しか》シテ民法ハ賃借人ノ使用又ハ商工業ノ為メ建物内ニ置キタルモノナルコトノ制限ヲ撤去シタル外旧民法ノ趣旨ニ変更ヲ加ヘタル形跡ノ観ルベキモノナク、且前示第三項ノ如キ除外例ヲ設ケザルア故ニ、建物ノ賃貸人ノ先取特権ハ賃借人ガ賃貸借ノ結果或時間継続シテ存置スル為メ其建物内ニ持込ミタル動産ノ上ニハ総テ存在スルモノナリト為サザルベカラズ。」

〔解　説〕 不動産賃貸（建物の場合）の先取特権——この債権は延滞賃料とか損害賠償（乱暴に使ったためとかで生じたもの）である——は、建物に備えつけた動産に及ぶとしているが、本判決は、建物の中にある程度継続しておかれるものならば、金銭であろうが、宝石、有価証券であろうが、すべて及ぶとしている。その根拠を立法過程に求めているようだが、背景には、この借家人には見るべき財産もないと考えたのであろうか。

しかし、いくらなんでも、金銭や有価証券を、備えつけた動産というだろうか。多くの学者は反対する。そして、この動産を、建物の使用に関連して常備されたものに限るとし、畳・建具はもちろん、一切の家具・調度および機械・器具・営業用計器などに及ぶが、居住人の個人的所有品、たとえば写真機・スポーツ用具や建物の使用と関係のない金銭・有価証券などは含まないと解釈している。

そうすると、具体的に争われた内職用の賃挽用の器具には及ぶことになろう。本判決で金銭、宝石、有価証券に及ぶとしたのは勇み足だったということになる。

〔11〕 動産売買の先取特権に基づく物上代位権の行使と債務者の破産

最判昭和五九年二月二日・民集三八巻三号四三一頁

〔事　実〕 Yは、昭和五一年五月にAに工作機械を一億三三〇〇万円で売却。Aは、同年六月に、これをBに一億四三五〇万円で転売。ところが、Aは破産宣告を受け、Xが破産管財人に選任された。その後、昭和五四年四月に、Yが、前記Aの転売代金債権のうち六六五万円について、動産先取特権に基づく物上代位権の行使として、債務者をX、第三債務者をBとする差押・転付命令を得、その命令がXとBとに送達された。しかし、Bは、債権者を確知できないとして、同年八月、六六五万円を供託。この供託金につき、XからYに対して、還付請求権存在確認の訴えをおこし、Yも同趣旨の反訴を提起。原審は、民法三〇四条但書が差押えを要求している趣旨は、物上代位権の対象となる債権を特定するためだけでなく、物上代位権の存在を公示させ取引の安全を図るところにあると解すべく、したがって、対象となる債権が他から差押えをうけたり他に譲渡・転付される前に差し押えない限り、先取特権者はこれら第三者に優先権を対抗することはできないとしたうえで、破産宣告も、差押えなどと同じく民法三〇四条一項但書の払渡しに該当するものであり、先取特権者が破産宣告前に対象となる債権を差し押えないかぎり、破産管財人に対して別除権の行使として物上代位権を行使して優先権を主張することはできず、本件の差押・転付命令は無効と別示して、Y敗訴。Y上告（我妻編・民法基本判例集〔第六版〕〔一三七〕を参照している）。

〔判　文〕　破棄自判「民法三〇四条一項但書において、先取特権者が物上代位権を行使するためには金銭その他の払渡又は引渡前に差押をしなければならないものと規定されている趣旨は、先取特権者のする右差押によって、第三債務者が金銭その他の目的物を債務者に払渡し又は引渡すことが禁止され、他方、債務者が第三債務者から債権を取立て又はこれを第三者に譲渡することを禁止される結果、物上代位の対象である債権の特定性が保持され、これにより物上代位権の効力を保全せしめるとともに、他面第三者が不測の損害を被ることを防止しようとすることにあるから、第三債務者による弁済又は債務者による債権の第三者への譲渡の場合とは異なり、単に一般債権者が債務者に対する債務名義をもって目的債権につき差押命令を取得したにとどまる場合には、これによりもはや先取特権者が物上代位権を行使することを妨げられるとすべき理由はないというべきである。そして、債務者が破産宣告決定を受けた場合においても、その効果の実質的内容は、破産者の所有財産に対する管理処分権能が剝奪されて破産管財人に帰属せしめられるとともに、破産債権者による個別的な権利行使を禁止されることになるというにとどまり、これにより破産者の財産の所有権が破産財団又は破産管財人に譲渡されたことになるものではなく、これを前記一般債権者による差押の場合と区別すべき積極的理由はない。したがって、先取特権者は、債務者が破産宣告決定を受けた後においても、物上代位権を行使することができるものと解するのが相当である。これと異なる原審の判断には民法三〇四条一項の解釈適用を誤った違法があるといわざるをえず、右違法は原判決の結論に影響を及ぼすことが明らかであるから、論旨は理由がある。

そして、原審の適法に確定した事実関係によれば、本件供託による還付請求権がXにあることの確認を求める本訴請求は理由がなく（なおXは、本件破産手続においてYが本件差押・転付命令の申請前に本件先取特権の被担保債権を一般破産債権として届け出ており、それが確定したのであるから、Yは本件先取特権を放棄したものであり、そうでなくてももはや別除権を行使することができない旨主張するが、このように解すべき理由はない。）、また、右還付請求権がYにあることの確認を求める反訴請求は理由があるから、Xの右本訴請求を認容し、Yの右反訴請求を棄却した第一審判決に対するYの控訴を棄却した原判決を破棄し、右第一審判決を取り消したうえ、Xの右本訴請求を棄却し、Yの右反訴請求を認容すべきである。」

〔解　説〕　民法三〇四条は、先取特権は、目的物の売却・賃貸・滅失・毀損等により債務者が受ける金銭その他の物に対してもその効力を及ぼすと定めている。これを担保物権の物上代位性という。先取特権や抵当権(三七二条で三〇四条を準用)などは価値権として目的物の交換価値を把握しているから、目的物が価値的に同一性を保ちつつ別なものに代わった場合、それに、前述の権利の効力が及ぶとしたものである。たとえば、先取特権の目的物が毀滅して損害賠償債権に代わったとした場合、先取特権の効力がこの債権に及ぶのである。ただ、三〇四条一項但書は、目的物に代わるものの引渡しまたは払渡しの前にこの債権を差し押さえなければならないとしている。債務者の一般財産に混入するのを防ぐ趣旨である。この差押えの意義をめぐっては争いがある。本判決は、その意義を、くどいようだが、判文をたどると次のようにいう。①差押えによって第三債務者が金銭その他の目的物を債務者に払い渡し又は引き渡すことが禁止され、他方、債務者が第三債務者から債権を取立て又はこれを第三者に譲渡することを禁止される結果、物上代位の対象である債権の特定性が保持され、これにより物上代位権の効力が保全される、②第三者が不測の損害を被ることを防止される、ことにあるとしている(詳細は抵当権のところで述べる)。

したがって、第三債務者による弁済又は債務者による債権の第三者への譲渡の場合には、先取特権者はその後物上代位権の行使はできないが、単に一般債権者が債務者に対する債務名義によって目的債権につき差押命令を取得したにとどまる場合は、物上代位権の行使は妨げられない。そして、債務者が破産宣告を受けた場合も、その効果の内容は、破産者の所有財産に対する管理処分権能が剝奪されて破産管財人に帰属せしめられるとともに、破産債権者による個別的な権利行使を禁止されるというにとどまり、これによって破産者の財産の所有権が破産財団又は破産管財人に譲渡されたことになるものではなく、一般債権者の差押えの場合と区別すべき理由はない。したがって、債務者が破産宣告を受けた後においても、先取特権者は物上代位権を行使できる、としている。その後、最高裁昭和六〇年七月一九日判決（民集三九巻五号一三二六頁）は、本判決を踏襲し、動産買主の転売代金《てんばい》債権について一般債権者が仮差押の執行をしたのちに、売主が物上代位権を行使することを認めている。

結局、判例は、目的債権が特定性を維持しつつ債務者の財産に帰属していることを、物上代位権行使の要件としているのである。これに対する批判もある（何れ抵当権のところで述べる）。

〔12〕 第三取得者への追及力（先取特権）

大判大正六年七月二六日・民録二三輯一二〇三頁

〔事　実〕　事実関係は明らかでないが、以下のようなものであったろう。建物の賃貸人Bの相続財産管理人Yは、賃借人Aが借家に備え付けた動産に対して、Aの債務不履行に基づく債権につき有する先取特権に基づき強制執行をした。これに対して、それより先Aから右動産を譲り受けかつAに賃貸している（占有改定である）Xが異議を申し立てた。原審は、すでに差押えを受けた当時、第三者において売買等の原因により取得した事実が明らかであれば、民法三一三条、三三三条によって、賃貸人は先取特権を主張しえないとして、Yを敗訴させた。Yは、三三三条の引渡しとは現実の引渡しであり、また三一九条の適用を主張して上告。

〔判　文〕　棄却「㈠民法第三三三条ニ所謂引渡中ニハ同法第一八三条ニ依ル占有改定ノ場合ヲモ包含スルモノト解スルヲ相当トス。唯本件ノ如ク不動産ノ賃借人ガ其引渡ノ目的物タル動産ヲ賃借シテ占有スル場合ニ於テハ、原裁判所ノ説示スル如ク民法第三一九条ノ適用アルニ過ギザルノミ。㈡原判決ニハ『本件ノ如ク前段既ニ認定セシ通リXガ差押以前ニ之ヲ取得シタルコト分明ナル場合ニアリテハ、Yニ於テ民法第三一九条ニ依リテ尚ホ先取特権ノ存スルコトヲ明ニセザル限リ単ニ前記ノ抗弁事実ヲ以テハ其主張ヲ採用シ難シ』トアリ。即チ原裁判所ハ、仮令不動産賃借人ノ居宅ニ備付ケアル動産ト雖《いえど》モ、一旦之ヲ第三者ニ譲渡シ占有ノ改定ニ依リ之ヲ引渡シタル以上ハ、民法第三一九条ノ規定ニ依リ更ニ先取特権ヲ取得シタルコトヲ主張且立証スルニアラザレバ該動産ニ対シ先取特権ノ効力ヲ及ボスコトヲ得ザル旨ヲ判示シタルモノナレバ、原判決ニハ所論ノ如キ不法アルモノニアラズ。而シテ原判決理由中先取特権取得当時ニアラズ差押当時ニ付説明ヲ為シタルハ、Yガ原審ニ於テ『仮令右物件ガ差押当時既ニXノ所有ニ帰シタレバトテ之ヲ差押フルハ失当ナラズ』ト謂フガ如キ抗弁ヲ為シタルガ為ニ外ナラズ。又本件ニ付キ民法第一九二条ノ準用ニ依リ善意無過失ノ問題ヲ生ズルハ、係争動産ガAノ所有ナリヤ否ヤニ関スルモノナレバ、原裁判所ガ本件物件ヲAノ所有ナリトスルニ付キ善意無過失ノ立証ナシト判定シタルハ毫モ不法ニアラズ。尚ホ原判決理由末段ノ『平穏公然ニシテ云々』ノ説明ハ係争物件ガAノ所有ナリヤ否ヤノ点ニ関スルモノト解スルコトヲ得ズ。㈢仮ニ本件ノ場合ニ於テY主張ノ如ク民法第一八六条ノ準用アルモノトスルモ、無過失ノ事実マデモ当然ニ推定セラルベキモノニアラズ。故ニ原裁判所ガ本件ニ付キ民法第一九二条所定ノ事項ニ関シY

ノ立証ナシト判示シタルハ結局相当ト謂ハザルヲ得ズ。故ニ本論旨ハ其理由ナシ。」

〔解　説〕　民法三三三条は、先取特権（それが一般の先取特権であると動産の先取特権であるとを問わず）は、それが動産の上に成立している場合、債務者がその動産を第三者に引き渡した後は、その動産につき先取特権の行使はできないものと定めている。いわゆる追及力がその限度でないということを示している。この引渡しに占有改定を含むのかどうかが問題になるが、本判決は肯定した。本条は、公示が明らかでない先取特権の追及力を制限する趣旨で設けられたものであるから、第三取得者がその所有権について対抗力を備えた——占有改定によって——以上、先取特権がこれに及ばないと解するのは一応妥当であろう（我妻・担保物権法九三頁）。

もっとも、譲渡担保の設定となると説がわかれる。たとえば、本判決の例で、賃貸人Y（AとYとを一体として考えた）が借家人Aの備えつけた動産につき先取特権を有している場合に、AがXにそれを譲渡担保に供した場合である（占有設定がなされている）。①三三三条の引渡しに当たる。すなわち先取特権の効力が及ばなくなる（本判決の基本的立場と考えてよい……。（最判昭和六二年一一月一〇日・民集四一巻八号一五五九頁はこの立場））。②譲渡担保を担保権として構成し、三三四条を類推する（鈴木・物権法二二三頁）。③三一九条によって先取特権を認め、それを争う者に即時取得の不成立の立証責任を負わせる（星野・物権法二〇九頁）。なお、三一九条は、上述の例で、Aが他人から動産を借りている場合に、YがAの所有と信じ信ずるにつき過失がない場合はYの先取特権が成立するとするもので、以下の考え方に注目すべきである。Aがこれを譲渡担保に供した後も、YがAのものと信じ信ずるにつき過失がない場合は、それ以後の賃料等につき先取特権が成立するとするものである（我妻・前掲書九三頁、なお、本判決はこの立場に立っているように思われる）。

〔13〕 質権と代理占有の禁止

大判大正五年一二月二五日・民録二二輯二五〇九頁

〔事　実〕 この判決の事実関係は明らかでないが、以下のようである。YはAに金を貸しA所有の不動産を質にとりその登記をおえたが、その後も、質物をAに占有させている。ただ、この質権設定契約の前に、Yは、Aの指示によって質物である不動産を実地に見分しており、契約書には、債務者において質権を設定し占有を移付した……という表現がある。X（質物の第三取得者かもしれない）は、この質権の設定では、AからYへ目的物を引き渡した事実なしと主張して、不動産質権無効確認と登記抹消を請求した。原審は、いったんAからYへ占有の移転があったと認定したうえで、Yの質物の占有継続は質権存続の要件でなく、また対抗要件でもないとしてXの請求を認めなかった。Xは上告して、AからYへの引渡しがあったとしても、その後にAに代理占有させると三四五条によって質権は消滅する、と主張した。

〔判　文〕 棄却「民法第三四五条ニハ単ニ質権者ハ質権設定者ヲシテ自己ニ代ハリテ質物ヲ占

有セシムルコトヲ得ザル旨ノ規定アルニ過ギザルヲ以テ、質権者ガ一旦有効ニ質権ヲ設定シタル後右規定ニ違背シ質権設定者ヲシテ質物ヲ占有セシメタリトスルモ、其占有ガ法律上代理占有ノ効力ヲ生ゼザルニ止マリ之ガ為メ質権ガ消滅ニ帰スベキモノニアラズト解スルヲ相当トス。而シテ質権者ガ有効ニ質物ヲ設定シタル後占有ヲ失ヒタル場合ニ於テハ、動産質ニアリテハ其質権ヲ以テ第三者ニ対抗スルコトヲ得ザル結果ヲ生ズベキモ、本件ノ如キ不動産質ニアリテハ質物ノ占有ハ第三者ニ対スル対抗条件ニモアラザルヲ以テ、原院ガ質権者タルYニ於テ質物ノ現実引渡ヲ受ケタル後之ヲ質権設定者タルAニ引渡シタル事実ヲ認メタルニ拘《かか》ハラズ該事実ハ本件質権ノ効力ニ何等ノ影響ナシト判示シタルハ洵《まこと》ニ相当ニシテ、本論旨ハ其理由ナキモノトス。」

〔解　説〕　判決文にあるように、民法三四五条は質権者は質権設定者をして自己に代って質物の占有をなさせる(いわゆる代理占有である)ことを禁止している。これは、質権が抵当権と違って、設定者から物をとりあげて設定者に心理的圧迫を加えて（すなわち留置的効力に重きをおいて）弁済を促す制度からの当然の論理的帰結を注意的に規定したものである、といわれている。

そこで、本件のように、質権設定者Aが質権者Yにいったん質物（不動産）を渡したのちにAに再び返して占有させたら質権の運命をどう解するかが問題となる。

本判決は、これが動産質ならば、対抗要件が継続して占有することにある（三五二条）から、質権は対抗力を失うだけだが、不動産質においては、このような規定がないからその効力には何の影響も受けないと解した。三四五条を単なる占有喪失の規定と解したのである。これに賛成する学説も少なくない（林・質権設定と代理占有〔判例演習物権法一九三頁〕、石田（文）下四一〇頁）。その根拠は、質権の本質を優先弁済を受けるところにあり、留置的効力はそれを促進させる補助策にすぎないとみるところにある。

これに対して、判例に反対し、質権は消滅すると説く者も多い（我妻・担保物権法一三〇頁、柚木＝高木九八頁、松坂・物権法二六六頁など）。その根拠は、質権の本質の一つとして留置的効力があり、本条に違反して従前通り設定者をして占有させておけば、本質に反するものとして質権を消滅させるものだと解するのである。注意的に規定したと述べたのは、上記のように解するからである。

ところで、本判決は少し軽視しているが、占有喪失と任意返還とを全く区別していないことである。占有喪失してそれが設定者の許にあるなら質権に基づいて返還請求できると解されるのに対して、任意返還の場合は、間接占有があるわけで、占有喪失という状態ではない。そこで、留置的効力を維持するたてまえから、任意返還があれば、質権は消滅するのが妥当であると解すべきであろう。

〔14〕 転質権――その一

大刑決（連合部）大正一四年七月一四日・刑集四巻四八四頁

〔事　実〕 YはAに五〇円を貸し、その担保（質）として金製指輪二個・八反縞二反を預った。同日これをAの承諾なくBに質入して五〇円を借りた（何れも弁済期不明）。さらに、その後、YはAから増担保として御召女物袷二枚・銘仙女物羽織一枚を受けとり、これを自己の物と合わせてCに質入して金五〇円を借り受けた。この行為に対して、Yは、第一審、第二審とも横領罪をもって問擬されたので上告し、自分の行為は転質にほかならず、民法三四八条をもって許されたものであり、また、転質は原質権の範囲態様に拘束されるべきものでないから、横領罪にあたらないと主張した。これに対し、大審院は、下記判文の理由で事実審理を開始した（事実審理の結果、大審院刑事部大正一四年九月一一日の判決〔新聞二四九六号一三頁〕で、Yの第一回の転質行為は原質権の範囲を越えないから無罪であるが、第二回の転質行為との連続犯として起訴されていたので、結局は、懲役三ヵ月執行猶予三年とされた）〔我妻編・民法基本判例集〔第六版〕〔一四〇〕による」。

〔判　文〕「質権者ハ其ノ権利ノ範囲内ニ於テ自己ノ責任ヲ以テ質物ノ転質ト為シ得ルコトハ民法第三四八条ノ規定ニ徴シテ明ナリ。故ニ質権者ハ質権設定者ノ承諾ナシト雖、自己ノ債務ニ付其ノ質物ノ上ニ其ノ権利ノ範囲ヲ超越セザル質権ヲ設定スル行為ハ民法上許容セラレタル権利ノ行使ニ外ナラザレバ、之ヲ自己ノ占有スル他人ノ物ニ対スル不法領得ノ意思実行ナリトシテ横領罪ヲ以テ論ズベキニ非ズ。或ハ民法第三五〇条ニ依リ質権ニ付テハ留置権ニ関スル同法第二九八条第二項ノ準用アリ、質権設定者ノ承諾ナクシテ質物ヲ債務ノ担保ニ供スル行為ハ法ノ認容セザル所ナリトノ反対説ナキニ非ザルモ、民法第三五〇条ハ単ダ《た》同条所定ノ留置権ニ関スル法条ハ質権ニ付特別ノ規定ナキ限リ之ヲ質権ニ準用ストノ趣旨ヲ示シタルニ過ギズ。而シテ質権ニ関シテハ特ニ第三四八条ニ於テ転質ニ関スル規定ヲ設ケ、質権者ヲシテ其ノ権利ノ範囲内ニ於テ質物ヲ自己ノ債務ノ担保ニ供スルコトヲ許容セル所ナルヲ以テ、前段ニ説示シタル民法第二九八条第二項ノ規定ハ転質ニ関シテハ其ノ準用ナキモノト解セザルベカラズ。故ニ所謂《いわゆる》原判決ノ認定セルＹノ行為ガ質権者トシテ其権利ノ範囲内ニ於テ自己ノ債務ニ付質物ノ上ニ新ニ質権ヲ設定シタルモノナランカ、縦令《たとい》質権設定者ノ承諾ナシト雖《いえども》其ノ行為ハ民法第三四八条ニ所謂《いわゆる》転質ニ該当シ権利ノ行使ナルヲ以テ、横領罪ヲ構成セザルハ勿論ナリ。但シ新ニ設定シタル質権ガYノ有スル質権ノ範囲ヲ超越シタルトキ、即チ債権額、存続期間等転質ノ内容範囲態様ガ質権設定者ニ不利ナル結果ヲ生ズル場合ニ於テノミ、Yノ行為ハ横領罪ヲ構成スルモノトス。然ルニ原判決ニ於テハ、判示質物ノ上ニ新ニYノ債務ニ付質権ヲ設定セル行為ガYノ有スル質権ノ範囲内ニ属スルヤ否ヲ確定スルコトナク直ニ其ノ行為ヲ以テ横領罪ヲ構成スルモノトシテ之ヲ刑法第二五二条ニ問擬シタルハ、刑事訴訟法第四一〇条第一九条（現行三三五条）ニ所謂《いわゆる》裁判ニ理由ヲ付セザル違法アルモノニ該当スルヲ以テ、本論旨ハ結局理由アリ。原判決ハ破棄ヲ免レズ」

〔解　説〕　古い判例は、二九八条の準用を理由として、設定者の承諾なくして転質をなしえないとしていたが（大判明治四四年三月二〇日・刑録一七輯四二〇頁）、本判決で変更したものである。このような承諾を得ないでなされた転質は責任転質とよばれる。いまでは、当然なことと考えられている。

この法的構成については大きく二つにわかれている。一つは、原質権によって担保される債権の質入と解するもの（原質権も付従性によって質入されることになる）。一つは質物の再度質入と解するものである。前者にしろ、後者にしろその中でさらに説がわかれるが、いまは後者を支持するものが多く、端的に質物の再度質入と単純に解するものが多いようである。それにしても、実質的には、原質の把握している担保価値の質入と解している。

Aが B に対し五〇〇万円の債権を有し、担保として B 所有の宝石を質にとり、A は再度この宝石を C に質入してから C から金を借りたとしよう（宝石〔価額七〇〇万円としよう〕に固定した資本を流動させることが転質の狙いである）。この判決がいっている転質の要件を整理すると（質物再度質入説で説明すると）――。

(1) 転質権の方の被担保債権（C の A に対する債権額が原質権の被担保債権額（五〇〇万円））を超過しないこと。すなわち C の債権が五〇〇万円以下でないといけないというわけである。A が質入できるのは、A が把握した担保価値の質入だから、この要件があらわれるというが、しかし、転質権者が原質権の被担保債権額の範囲内においてのみ優先弁済は受けられるという、効力の問題として取り扱えばいい。したがって、この要件にとらわれることなく、C の債権額が大きくても、A の被担保債権額の範囲で優先弁済が受けられると考えればいい。

(2) 原質権の存続期間の範囲内において転質をなすこと（三四八条）。ただ、動産質権には不動産質と違って存続期間という定めがないので、これは弁済期に関するものとして、転質権の被担保債権の弁済期が、原質権の被担保債権の弁済期と同時、あるいはそれ以前に到来することというように考えられてきた。

しかし、転質権者に期限の利益がないとすれば、原質権設定者は、第三者として転質権者に弁済して転質権を消滅させ、その結果取得した原質権者に対する求償権と原質権の被担保債権とを相殺し、原質権をも消滅させることができるし、さらに、原質権の弁済期が到来した場合、債務者は供託をなしうるので、これによって原質権と転質権とを消滅させることができる。転質権者は供託金請求権の上に質権を存続させることになる（遠藤他編・民法(3)〔双書〕、高島・質権七八頁）。

ところで、学説は、以上を述べた(1)、(2)を成立要件とする必要はないと考えている。ただし、最高裁はこの判決を守っている。それは次の〔15〕に述べる。

〔15〕 転質権――その二

最決昭和四五年三月二七日・刑集二四巻三号七六頁

〔事　実〕 商品取引員であるY₁会社の熊本出張所長Y₂、営業部長Y₃は、右出張所の営業資金を得るため、多数の委託者から商品先物取引の委託証拠金代用として預託を受けて保管中の投資信託証券・株券を、委託者の書面による同意はもちろんのこと、何らの承諾も得ないで他へ担保として差し入れ、三八〇万円余を借りた。またY_3は上記のうちのAの株券を売却し、Y_1のAに対する債権に充当した。担保差入行為については業務上横領ならびに商品取引法九二条違反の罪に問われ、株券の売却処分についても商品取引所法九二条違反の罪に問われ、Y_1も同法一六三条の罪に問われた。この裁判は上告審で差し戻された。差戻審の原審では、前述の担保の差入れだけを有罪とした。次のようにいっている。証拠金充用証券の預託は質権の設定と解され、質権者は三四八条によって転質することができる。しかし、本件における原質権の被担保債権は、その額・存続期間ともに不定で、取引関係の如何によっては原質権が消滅するかもしれない可能性をもっていたのに、前述の担保差入行為――転質――は、町の金融業者にしたもので、委託者に返還すべき必要を生ずれば原質権者がいつでも充用証券の返還を受けうるというような特約もなければ、原質権者は必要に応じて他の証券と差し代えて充用証券を委託者に返還しうるような経営状態でもなかったのであり、したがって、このような転質は原質権の範囲を越えるものとして横領罪を構成するものというべきであるとした。Y_2から上告。転質については、原質権の範囲の超越の有無を問わず原質権設定者に損害が生じた場合には債務不履行ないし不法行為に基づく責任を追及すべきであり、範囲超越の有無という曖昧な基準で横領罪になるかどうかを決すべきではない、と主張する。

〔判　文〕　棄却「商品市場における売買取引の委託について、顧客から商品仲買人に委託証拠金の代用として有価証券を預託する行為の法律上の性質は、根質権の設定であって、消費寄託ではないとした原判断は相当である。また、民法三四八条により、質権者は、質権設定者の同意がなくても、その権利の範囲内において、質物を転質となしうるのであるが、新たに設定された質権が原質権の範囲を超越するとき、すなわち、債権額、存続期間等転質の内容、範囲、態様が質権設定者に不利な結果を生ずる場合においては、その転質行為は横領罪を構成するものと解すべきであるとした原判断ならびに本件Y_2人の各担保差入行為は原質権の範囲を超越しているものと認定して、業務上横領罪の成立を認めた原判断は、いずれも相当である。」

〔解　説〕　本判決は、最高裁が前述の〔14〕の判決を踏襲したものである。すなわち、転質権の範囲が、原質権の範囲を超えるとき、すなわち、債権額、存続期間等転質の内容、範囲、態様が質権設定者に不利な結果を生ずる場合においては、その転質行為は横領罪を構成するといっている。

そして、適法な転質の要件として、(1)転質権の被担保債権の額が原質権の被担保債権の額を超えないこと、(2)原質権の被担保債権の弁済期より転質権の被担保債権の弁済期のほうが早くくること、をあげておいた。そのうえで、それに拘束される必要がないことを書いた。

ただ、(2)については、少し問題があるかもしれない。たとえば、甲が乙に金を貸し乙の宝石を質にとっており、弁済期が五月末であり、甲がさらに丙にその宝石を転質して金を借り、弁済期が七月末だとしよう。乙の債務の弁済期がきて乙が甲に弁済して宝石を取り戻そうとしても、丙に転質されているから丙が占有している。前例では乙が供託すべきことを記したが、乙には転質されたことはわからないからそう簡単にはゆかない。そこで、抵当権の処分に関する三七六条を類推して、甲が転質する場合は、乙にその旨の通知または承諾がなければ乙に供託を求めることはできないと解すべきである。その折、甲が丙への債務についての弁済期をも通知する必要がある。そうすると、乙は丙から宝石を取り戻し、甲へ弁済すべき金を供託する。丙はこの供託金取戻権について質権を取得することになる。こう解することになるが、乙に供託を強いることが果たして妥当か多少の疑問は残る。

〔16〕 債権質権の質入債権に及ぼす拘束力

大判大正五年九月五日・民録二二輯一六七〇頁

〔事　実〕　事実はよくわからないが、債権質権者たるX銀行が、その実行として、第三債務者Yに対して直接支払を求めたのが本件である。これに対してYは、右の質権設定後（質権設定の通知は、XよりYに対してなされたようである）、質権設定者A銀行に対して取得した債権をもって相殺すると抗弁したが、原審は、民法四六八条二項を類推適用してこれを排斥した。Yは上告して、債権質設定の場合には第三債務者の相殺権を制限すべき規定はないし、また、四六八条二項を類推適用すべきでないと主張した（上述したように事実関係がよくわからない。我妻編・民法基本判例集〔第六版〕〔一四二〕によっている）。

〔判　文〕　棄却「債権ヲ目的ト為シタル質権ノ効力トシテ質権者ハ目的タル債権ヲ直接ニ取立ツルコトヲ得ルコト民法第三六七条ニ依リ明カナリ。故ニ質権設定者ハ勿論《もちろん》第三債務者モ亦之ニ対スル対抗条件ノ具備シタル上ハ質権者ノ取立権能ヲ害スルノ行為ヲ為スコトヲ得ザルモノト謂《い》ハザルベカラズ。而《しか》シテ指名債権ヲ以テ質権ノ目的ト為シタル質権者（質権設定者？）ハ第三債務者ニ質権ノ設定ヲ通知シ又ハ第三債務者ガ之ヲ承諾シタル時ヨリ其質権ヲ以テ第三債務者其他ノ第三者ニ対抗スルコトヲ得ルヲ以テ、第三債務者ハ此時ヨリ質権者ノ取立権能ヲ害スルノ行為ヲ為スコトヲ得ザルモノト謂フ可シ。此時以後ニ於テ第三債務者ガ質権設定者ニ対スル債権ヲ取得シ之ヲ以テ質権者ニ相殺ヲ対抗スルハ質権者ノ取立権能ヲ害スルモノトス。故ニ第三債務者ハ質権設定ノ通知ヲ受ケ又ハ之ヲ承諾シタル時ヨリ以後ニ取得シタル質権設定者ニ対スル債権ヲ以テ質権者ニ相殺ヲ対抗スルコトヲ得ザルモノト解スルヲ相当トス。指名債権ノ質入ニ付テハ債権譲渡ニ関スル規定ヲ準用スルノ規定ナキヲ以テ原院ガ本件ニ付《つ》キ民法第四六八条第二項ノ規定ヲ類推適用シタルハ穏当ナラザルモ、其第三債務者タルYガX（A？）ヨリ質権設定ノ通知ヲ受ケタル後ニ取得シタル質権設定者ナルA銀行ニ対スル債権ヲ以テXニ相殺ヲ対抗スルコトヲ得ズト判断シタルハ結局相当ナルヲ以テ上告論旨ハ其理由ナシ。」

〔解　説〕　甲が乙に対し金銭債権をもっていて（この債権は指名債権といわれる）、甲はこの債権を甲に対する債権者丙に質入したとしよう。甲が債権証書をもっていれば丙に渡さないといけないが、もっていなければ渡さなくてもいいから、この質権設定契約は諾成契約となる。

この債権質は、三六四条で、甲から乙への質権設定した旨の通知、あるいは乙から甲あるいは丙への承諾が対抗要件となる。

この対抗要件が備わることによって、この債権が差し押えられたのと同じ拘束力を受けると解されている。これについての規定がないが、乙の弁済等を自由に許せば、消滅した債権が質入されていることになって誠に不都合であるから、そこで、甲の弁済受領の権限を奪うことにしたものである。この拘束力は、上に記したように対抗要件を備えることによって生ずるし、債権差押えの場合（四六八条一項）を類推することによっても肯定される。また、この判決は、債権が質入されると、三六七条によって質権者はこの債権の直接取り立てることができるから、それを妨害する行為をしてはならないことは当然である、ということから説明している。

その結果、甲と乙との間で、債権の取立て、弁済、免除、相殺、更改など、質入債権を消滅させせたり、変更させたりするような行為をしても、これをもって債権者には対抗することはできない。本判決は、さらに、乙に対する対抗要件が備わった後で乙が甲に対して取得した債権をもっても相殺しても質権者の丙に対抗できないとしている。

しかし、甲としてはどのような行為もすることができないであろうか。丙にとって利益こそあれ、不利益にならない行為ならば差支えない。たとえば、質入債権の消滅時効を中断するために、甲が乙を相手どって債権存在確認の訴えを提起することなどはそうである。何も丙を脅かすものではないからである。これについての判例もある（大判昭和五年六月二七日・民集九巻六一九頁）。

〔17〕 債権質権の効力の及ぶ目的債権

最判昭和四〇年一〇月七日・民集一九巻七号一七〇五頁

〔事　実〕　Xは、AのY銀行に対する債務の物上保証人として、Y銀行に、①預金名義人B、C（Xの二人の子）、金額は各一〇〇万円、期間六ヵ月の定期預金を質入した。②満期で、同一条件で書替えならびに質権設定手続が行なわれた。③つぎの満期では一口二〇〇万円、B名義、期間三ヵ月に条件を変更して書き替えられたが、Aが質権設定手続を拒否したのでYも証書を留置するに止めた。④三回目の満期の折にはXが書替えを拒否したのでYが一方的に③と同一条件で書替えをなした。⑤それに対して、Xから抗議。解約を要求。協議の結果、Xが④の書替を有効と認める代りに、Yも解約に応じることとし、あらためてX名義、二〇〇万円、三ヵ月の定期預金に書き替える約束が成立。⑥預金証書作成・質権設定手続のためにYがXに来行を求め、係員が証書を提示したところ、Xは証書をいきなり懐にいれ、質権は消滅しているといい残して帰宅。XからYにこの預金の支払を訴求。原審は、書替えに際して預金が払い戻されることなく証書のみが更新され、新旧定期預金の間に実質同一性があると認められるときには、旧定期預金の上の質権の効力は新定期預金に当然及ぶのであり、本件では、預金権利者は一貫してXであり、金額・期間に変更があり、利息の支払があったとしても、実質的同一性は妨げられないから、当初の質権の効力が及んでいる、として、Xの請求を斥した。X上告(我妻＝有泉＝三藤＝清水＝四宮・担保物権法(判例コンメンタール)III一八七頁による。このところは三藤教授担当で、よくできているのでほぼ全面的に借用した)。

〔判　文〕　棄却「原判決は、Xは昭和三〇年一〇月二七日Y銀行に対し、B・Cという仮名で各金一〇〇万円(二口)を預入期間六ケ月の約定で定期預金をなし、右定期預金につきYがAに対し有する金三八三万七、一〇〇円の貸付金を被担保債権としてYのため質権を設定したこと、右定期預金はその後数回右当事者間で書替えられて、昭和三二年二月二五日付X名義、金額二〇〇万円一口、預金期間三ケ月とする本件定期預金に至ったこと、右定期預金の書替に際し、預金が現実に払い戻されることなく、ただ証書のみが更新されたものであるから、同一預金者の定期預金として継続関係があり、このような場合には、当初の質権設定契約は本件定期預金に及ぶ旨判示したものであって、右事実認定は原判決挙示の証拠により肯認できるし、右認定事実の下においては、本件定期預金につき前記質権の効力が及ぶ旨の原審判断も正当である。

B・Cが実在する人物であるということ、右書替に際しYはXに対し既経過分の利息を任意に支払ったことなど所論指摘の事実は、右判断の妨げとなるものではない。原判決は所論の違法がなく、論旨は採用できない。」

〔解　説〕　この判決は、質権者が自己を債務者とする債権について質権を取得しており、それが有効であることを当然の前提にしている。銀行が、自己に対しての預金債権につき、これを質にとることは広く行なわれているところである。債権の質入だから証書＝定期預金証書を質権者に交付しなければならない（民三六三）。

ここでの中心的課題は、定期預金の上の質権の効力が、書替後のいわば継続された定期預金の上に及ぶかという問題である。本判決はこれを肯定したものである。

定期預金の期間なるものは、強い意志によってなされるものではない、なかば慣行化されたものであり、預金証書の分割・併合、利息の利率の増減などが書替えに際して行なわれることがあっても、それは、債権の発生の基礎たる契約をきりかえるものではなく、債権の同一性を変えるものではない。したがって、当初に設定された質権の効力は、たとい、特約をしなくとも、当然に、書替え継続分に及ぶものと解すべきである。そして、当初に備えた対抗要件はそのまま維持される。

なお、本事案では、名義人は当初B・Cであり、最終的にはX名義にしたが、当初から、真実の債権者はXであるとしたものである。かかることもよく行なわれているが、真実の出捐者が権利者である。

〔18〕抵当権の被担保債権――将来の債権

最判昭和三三年五月九日・民集一二巻七号九八九頁

〔事　実〕　Yを抵当権者、Xを設定者とする債権額一〇〇万円の抵当権が本件不動産の上に設定された。被担保債権としては、Yの既存債権一〇万円（準消費貸借によって生じたもの）のほか、Yが保証人になっているA会社（Xが社長）のBらに対する一二七万円余の債務につき保証債務を履行したときにAに対して取得するであろう求償権（Xはそれにつき重畳的債務引受をも約している）を担保するために設定されたものである。その後、Yは一二七万円余の保証債務を履行した。XがYに対して抵当権設定登記の抹消を訴求。原審はこれを認めない。Xは、⑴本件登記は実際の抵当権設定契約と合致しないから無効、⑵一個の普通抵当権により数個の異物の債権の合算額を担保させるのは不当、と主張して上告（我妻編・民法基本判例集〔第六版〕の〔一四四〕（清水教授担当）によっている）。

〔判　文〕　棄却「原審の適法に確定した事実によれば、XがYに対し、Yが将来その保証債務の履行によりA会社のYに対し負担すべき求償債務をXにおいて重畳的に引受け、その支払の責に任ずる旨を約し、その限度をXのYに対する別途金一〇万円の債務を加えて金一〇〇万円と協定し、右金一〇〇万円の債務を担保するため本件抵当権を設定することを約したものであるが、右抵当権の設定登記に当たり、当事者合意のうえ、Xが恰《あたか》もYより金一〇〇万円を借り受け、その債務を担保するため抵当権を設定するが如き旨の抵当権設定登記手続をなしたものであるというのである。然らば当事者は真実抵当権を設定する意思の下に抵当権設定を約したものであって、本件抵当権設定について所論の如き虚偽表示が存するものではない。しかし、本件被担保債権の大部分は将来成立すべき条件付債権であるのに、恰もXがYより金一〇〇万円を借り受けた如きものとして抵当権設定登記手続をなしたことは、この点について事実と登記の間に不一致が存するわけであるが、かかる場合でも当事者が真実その設定した抵当権を登記する意思で登記手続を終えた以上、この登記を以て当然に無効のものと解すべきものではなく、抵当権設定者は抵当権者に対し該登記が事実に吻合しないことを理由として、その抹消を請求することはできないものと言わねばならない。」

〔解　説〕　抵当権は被担保債権を担保するための担保物権であるから、付従性、すなわち、債権なければ抵当権なしという原則をもっている。しかし、これを厳密に解すると経済的需要にこたえられないこともでてくる。つまり、抵当権と担保されるべき債権金額がつねに同時に併存していなければならないという考え方を緩和する必要がある。たとえば、条件付・期限付その他将来の債権についても、抵当権（普通抵当であって根抵当ではない）を設定するが如きである。

ところで、この条件だが、登記事項として条件の記載が要求されているが（不登一一七条）、既発債権として登記されている場合——まさに本件がそうだが——登記と事実関係の不一致が認められるが、登記として有効だとこの判決はいっている。

この将来の債権について優先弁済を受けられるのは、配当時までに成立した債権の限度においてである。

ところで、本件のような、保証人の求債権についてこれを担保するための抵当権については問題がある。これも将来の債権である。保証人が弁済してその求債権が現実化したときに、その求債権を、抵当権設定の時の優先順位で有効に担保するものである。委託を受けた保証人の場合には求債権が現実化する以前にも求債権を事前行使することが認められている（民四六〇）。この場合、抵当目的物が競売された時にどうなるかが問題である。根抵当権者については、求債権の事前行使について、根抵当権者は求債権の事前行使のために極度額までの配当加入することができるとした（最判昭和三四年六月二五日・民集一三巻六号八一〇頁――昭和四六年に根抵当が立法される前の事案で、いまではかかる求償権について根抵当権の設定はできないと解されている）。普通抵当権が設定されていた場合にもあてはまるという考え方（我妻＝有泉＝三藤＝清水＝四宮・前掲書二七二頁）、に賛同したい。

〔19〕 抵当権の効力の及ぶ目的物の範囲——その一　従物

最判昭和四四年三月二八日・民集二三巻三号六九九頁

〔事　実〕　XはAに対する債権の担保としてB所有の宅地・建物について根抵当権を有している。この宅地は庭園だが、そこには石灯籠《いしどうろう》、庭石、庭木などが根抵当権設定前から附設されており、風致をそえていた。その数二〇〇をこえていたが、これらをBの債権者Yが差し押えた。Xは、これらの物件は自分の根抵当権の目的となっているとして第三者異議の訴えを起した。原審ではX勝訴。Y上告して、抵当権設定契約書中にこれらの物を含める特約もないし、明認方法も施されていないと主張した。

〔判　文〕　棄却「本件石灯籠および取り外しのできる庭石等は本件根抵当権の目的たる宅地の従物であり、本件植木および取り外しの困難な庭石等は右宅地の構成部分であるが、右従物は本件根抵当権設定当時右宅地の常用のためこれに付属せしめられていたものであることは、原判決の適法に認定、判断したところである。そして、本件宅地の根抵当権の効力は、右構成部分に及ぶことはもちろん、右従物にも及び（大判大正八年三月一五日・民録二五輯四七三頁参照）、この場合右根抵当権は本件宅地に対する根抵当権設定登記をもって、その構成部分たる右物件についてはもちろん、抵当権の効力から除外する等特段の事情のないかぎり、民法三七〇条により従物たる右物件についても対抗力を有するものと解するのが相当である。そうとすれば、Xは、根抵当権により、右物件等を独立の動産として抵当権の効力外に逸出するのを防止するため、右物件の譲渡または引渡を妨げる権利を有するから、執行債権者たるYに対し、右物件等についての強制執行の排除を求めることができるとした原判決（その引用する第一審判決を含む。）の判断は正当である。

〔解　説〕　抵当権と従物については、抵当権設定時以後に付置された従物について、抵当権の効力が及ぶかという問題がある。大きな問題なので、これについては次に譲ることにし、これについては、本判例のように、抵当権設定時に付置されている従物について考察することにする。この場合、抵当権の効力がこれらの従物に及ぶことについては学説・判例に対立はないといってよい。

従物というのは、主物に付置されて主物の経済的効用をたすける独立した物のことである（民八七条一項）。たとえば、石灯籠や庭石のごとく、庭園らしく引きたてているもので、これを取り除けば全体としての経済的価値が著しくおちる。かかる物が従物である。

ところで、庭石といっても地表に僅か出ているだけで七、八割がたは地中に埋っているものがある。これは、土地の非同体的構成部分と呼ばれている。明らかに、土や砂などとは本質的に違うが、これを地表から取り除くことが著しく困難であったり、多額の費用がかかるものをさし、土地の構成部分となる。

これは土地に付置されたものとして附加物と称していい。これは、まさに三七〇条の附加して一体をなしたものである。これらについては、特別の登記その他の公示方法を要せず、宅地についての抵当権の設定登記がなされれば、対抗力を生ずる（大判昭和五年一二月一八日・民集九巻一一四七頁）。

つぎに、容易に動かせる庭石、従物とされるものについて考えよう。庭園として経済的に土地の効用を助けているのであるから、これに抵当権の効力が及ぶとするのは、早くから判例の態度である（大判連合部大正八年三月一五日・民録二五輯四七三頁）。問題は、これについての抵当権の公示方法をどう考えるかである。判例は割れている。大判昭和八年一二月一八日・民集一二輯二八五四頁は、従物たる畳建具を建物とともに譲り受けた場合、建物について登記を経た以上は、畳建具の譲受けをもって第三者に対抗することができるとしたのに対し、大判昭和一〇年一月二五日・新聞三八〇二号一二頁は、従物は、主物について登記をなしても、引渡しのない以上は第三者に対抗できないとした。

本判決は、前者に従い、宅地に対する根抵当権設定登記をもって、これら従物を抵当権の効力から除外する等特別の事情がない限り、抵当権の効力が及ぶものと解した。

そして、その根拠を三七〇条に求めている。すなわち「不動産ニ附加シテ之ト一体ヲ成シタル物ニ及ブ」の中にいれている。かかる見解を示した判決はこれが初めてである。学説に同調したものであろう。

学説の多くは、三七〇条をよりどころにして、抵当権設定時から後に附置された従物にも及ぶと解しているが、この判例はこれを見すえていっているかどうかはわからない。

〔20〕 抵当権の効力の及ぶ目的物の範囲——その二 建物についての抵当権と借地権

最判昭和五二年三月一一日・民集三一巻二号一七一頁

〔事　実〕　本件土地はY_1〜Y_6（Yらと称する）の共有であったが、Aに賃貸され、Aは同地に建物（居宅、工場、倉庫など）を建て、その建物に抵当権を設定して、登記を経由していた。その後、XはAから土地の賃借権の譲渡をうけ、賃貸人Yらの承諾を得た。Xは、抵当権が実行されたら自ら競落人となって更地にして自ら使用するか、又は第三者に譲渡することを考えていたようである。それから間もなく、抵当権が実行され、Bが競落人となった。Yらはこれに伴う土地賃借権のBによる取得を承諾した。Xは、右の結果本件土地の使用収益が不能になったことを理由として、Yらに対して損害賠償の請求をした。原審は、Yらの行為を二重賃貸による履行不能と認め、Xにも建物抵当権の存在を知っていた過失があるとして、六割の過失相殺を認めたうえでXの請求を認容した。Yら上告。

〔判　文〕　破棄自判「土地の賃借人が当該土地上に所有する建物に抵当権を設定したときは、

原則として、右抵当権の効力が当該土地の賃借権に及び（最判昭和四〇年五月四日・民集一九巻四号八一一頁）、右建物について抵当権設定登記が経由されると、これによって抵当権の効力が右賃借権に及ぶことについても対抗力を生ずるものと解するのが相当であり（最判昭和四四年三月二八日・民集二三巻三号六九九頁）、右抵当権設定登記後の土地賃借権の譲受人は、対抗力ある抵当権の負担のついた賃借権を取得するにすぎないのであるから、右抵当権の実行による競売の競落人に対する関係については、競落人が競落によって建物の所有権とともに当該土地の賃借権を取得したときに、賃借権を喪失するに至るものというべきであり、さらに、競落人が右競落による賃貸人の承諾を得たときには、右譲受人は、賃貸人との関係においてもまた賃借人としての地位を失い、賃貸借関係から離脱するに至るものと解するのが相当であって、賃貸人と譲受人及び競落人との間に二重賃貸借の関係を生ずるものではない。以後、賃貸人は譲受人に対して当該土地を使用収益させるべき義務を負わないのであるから、その履行不能を論ずる余地もないのである。そして、本来賃借権譲渡に関する賃貸人の承諾は、賃貸人との関係において有効に賃借権を譲渡することができるよう賃借権に譲渡性を付与する意思表示にすぎないのであるから（最判昭和三〇年五月一三日・民集九巻六号六九八頁）、賃貸人は、譲受人に対し賃借権の譲渡を承諾したからといって、そのために競落人への賃借権の移転を承諾してはならない義務を負うことになるとは解されず、前述のように賃貸人が競落人に対し賃借権の移転を承諾したことにともない譲受人が賃貸人としての地位を失う結果となっても、それはもともと譲受人の取得した賃借権に付着していた抵当権の負担が具体化したことによるものにすぎないのであって、これをもって、賃貸人の責に帰すべき事由によるものとすることはできない。

……Yらに対して債務不履行責任を肯定した原審の判断は法令の解釈を誤っている。」

〔解　説〕　借地権（賃借権）は建物所有権に対する従たる権利として建物についての抵当権の効力はこの借地権に及ぶと判例・通説は考えている。従物と同じように考えてゆこうというものであるが、本判決もこれに従っている。建物は借地権なしには存在しえないのだから——他人の土地に建物を所有している場合——この両者は合して一つの財産権の顔を呈しているといってよく、運命をともにするのである。

つぎにこの賃借権の対抗力の問題である。本判決は、建物についての抵当権の登記の効力が借地権についても生じ、対抗力を生ずるものとしている。前述した、両者の結合関係からいえば当然のことであるし、多数説である。したがって、借地権の譲受人は抵当権の負担のついた借地権＝賃借権を取得したことになる。その結果、抵当権が実行されると、競落人の取得する賃借権が優先し、借地権の譲受人は競落人に対する関係でそれを失なうことになる。

ところで、賃借権の譲渡は六一二条の適用を受け、賃貸人の承諾を得なければ競落人も賃貸人に対抗できない。そうすると、競落人が承諾を得ていない段階では、賃貸人に対する関係では、自己の賃借権が優先しているとはいえないはずである。しかし、その承諾が後で、競落人になされれば、賃貸人に対する関係でも譲受人は賃貸借から去ることになる。こうしたこの判決の理論は是認してよい。

問題は、賃貸人が、二重にした承諾について責任を負わないのか。この判決のいうように、賃貸人の承諾は、賃借権に譲渡性を付与する意思表示である。本判決はそういった後で、賃貸人は、譲受人に対する賃借権の譲受を承諾したからといってそのために競落人への賃借権の移転を承諾してはならない義務を負うことにならないといっている。

この結論に賛成したいが、それは、抵当権は必ず実行されるとは限らないから、初めの賃借権の譲受人に承諾を与えるのは、非難に価するとは考えられず、また、譲受人は建物に抵当権が設定されていることを知っているか、知り得るはずであると考えよいからである。

〔21〕 抵当権の効力の及ぶ目的物の範囲――その三　従物

大判（連合部）大正八年三月一五日・民録二五輯四七三頁

〔事　実〕　XはYに対し三八〇〇円の貸金債権の存在と家屋（湯屋）とその附属設備に抵当権が成立していると主張し、Yがこれを争った。原審は、二五〇〇円の債権の存在および①抵当建物、②畳建具等の造作、③湯屋営業道具ならびに煙突共附属一式、について抵当権の成立を認めた。Yは、②については、抵当権設定当時に従物として存在したとの事実が確定されていない、③については従物であるとはいえないと主張して上告。

〔判　文〕　破棄差戻「建物ニ付キ抵当権ヲ設定シタルトキハ、反対ノ意思表示アラザル限リ該抵当権ノ効力ハ抵当権設定当時建物ノ常用ノ為メ之ニ付属セシメタル債務者所有ノ動産ニモ及ビ、是等ノ物ハ建物ト共ニ抵当権ノ目的ノ範囲ニ属スルモノト解スベキハ民法第八七条第二項ノ規定ニ照シ疑ヲ容レザル所トス。蓋《けだ》シ同条項ノ規定ヲ設ケタル趣旨ハ、処分当時ニ於ケル主物ノ利用価値ヲ減損セズ其経済上ノ効用ヲ充実セシメントスル目的ニ出デタルモノニ外ナラザルガ故ニ、主物タル建物ノ利用価値ヲ標準トシテ担保価値ヲ定ムルヲ常トスル抵当権設定ノ場合ト雖《いえど》モ亦同条ヲ適用シテ権利ノ範囲ヲ定ムルヲ相当トスベク、従物ガ動産タルノ故ヲ以テ抵当権ガ之ニ及バザルモノト解スルハ当ヲ得タルモノト謂フヲ得ザレバナリ。民法第三六九条第三七〇条ハ抵当権ノ効力ガ其目的タル不動産ニ付加シテ之ト一体ヲ成シタル物以外ノ動産ニ及バザルガ如キ解釈ヲ容ルベキガ如シ。然レドモ民法第三六九条ハ裏面解釈上苟《いやし》クモ不動産ニ非ザルモノハ種類ノ何タルヲ問ハズ之ヲ抵当権ノ独立ノ目的ト為スコトヲ得ザル旨ヲ規定シタリト解シ得ベキモ、未ダ以テ抵当権ノ効力ハ其目的タル不動産ノ従物タル動産ニ及ボスコトヲ得ザル旨ヲモ併セテ規定シタルモノト解スベキニアラズ。又民法第三七〇条ハ抵当権ノ効力ガ抵当不動産ノ外物理上抵当不動産ニ付加シテ之レト一体ヲ成スモノニ及ブ旨ヲ規定シタルモノナレバ、経済上ノ用法ニ従イ物ノ主従ヲ定メ主物ト従物トヲ同一ナル法律関係ニ服従セシムルコトヲ目的トスル民法第八七条第二項ノ規定ト相妨《さまた》グルモノニアラズ。然ラバ本院従来ノ判例ニ於テ動産ハ不動産ニ付加シテ之ト一体ヲ成シタル場合ニ非ラザレバ、抵当権ノ目的ト為ルコトヲ得ザルモノト解シタルハ失当ニシテ之ヲ変更スルノ必要アルモノト認ム（明治三八年(オ)五八八号同三九年五月二三日本院判決参照）。然レドモ如何ナル物ヲ以テ抵当権ノ効力ノ及ブベキ従物ト認ムベキヤハ当事者ノ意思ヲ基礎トスル主観的標準ニ依ルベキモノニアラズシテ、前示スル所ニ従ヒ一般取引上ノ観念ニヨリ定マルベキ客観的標準ニ則リ之ヲ決定スベキモノトス。換言セバ或物ガ建物ノ継続的利用ノ為メ之ニ付属セシメラレタル場合ニ於テ、之ヲ建物ヨリ分離スルトキハ建物ノ利用価値ヲ失ハシムルカ少クトモ其経済的効用ヲ減損セシムベキモノナルニ於テハ其物ハ之ヲ建物ノ利用ノ為メニスル従物トシテ抵当権ノ目的ノ範囲ニ属スベキモノト為サザルベカラズ。果シテ然ラバ畳建具ノ如キ通常建物ノ従物ト看做《みな》サルベキモノハ格別本件事案ニ於ケルガ如キ営業用諸器具ノ如キ必ズシモ常ニ之ヲ建物ノ従物ト看做《みな》(ス)ヲ得ザルト同時ニ絶対ニ之ヲ従物ト為シ得ザルモノト為スニ及バザルベク、其従物タルヤ否ヤハ一ニ建物ノ利用ノ目的如何ニ因リ定マルベキモノト為スヲ相当トスベシ。然ラバ原院ガ本件ニ於テ判決セルガ如クXノ抵当権ガ本訴建物ト共ニ其畳建具造作及ヒ湯屋営業器具並ニ煙突共一式付属物権ニ対シ成立セルモノナルコトヲ是認センニハ、須《すべから》ク是等ノ動産ガ如上ノ意義ニ従ヒ従物タル性質ヲ具有スルモノナルコトヲ判示セザルベカラズ。」

〔解　説〕〔20〕で抵当権の効力の及ぶ範囲として従物の問題をとりあげたが、実は、本連合部判決がそれを明言したものである。

本判決の中でもいっているように、これ以前にあっては、従物は動産だからという理由で認めなかった(三六九条を根拠にしている)ものを改めたのである。しかし、その根拠は八七条二項においている。抵当権が実行されると競落人は設定時の内容の所有権を取得する。抵当権者は設定時に目的物を評価するからである。したがって、八七条二項の処分というのは、抵当権の設定を含み、従物はそれに従うことになる。また、経済的効用の面からいっても一体として取り扱うべきものだからである。これは三七〇条の趣旨と抵触するものではないといっている。しかし、これはあくまでも設定時までの従物であって、設定時以後の従物には及ばないとしているようである。その後、大審院昭和九年七月二日判決（民集一三巻一四八九頁）は及ばないことを明言したが、根拠を合意に求めている。その間にあって大審院大正一〇年七月八日決定（民録二七輯一三一三頁）は設定後に附加した茶の間を従物として及ぶとしたが、茶の間という異例のもので、一般的にいえば、設定後の従物には及ばないとしているといってよいであろう。〔19〕の昭和四四年判決もそうだが、しかし、これでは対抗力が問題とされ、三七〇条で処理されている。その点、本連合部判決とは違う。学者の多くは、三七〇条を足がかりにして設定後の従物に及ぶと主張しているが、判例はそれに近づいたという学者もいる。設定後実行までの時間の経過が長ければ、いろいろな従物が附加されるだろうから、設定後にも及ぶとしたいが、それが非常に高価なもの――店舗などであり得る、古いものと取り替えたりして――の場合は、従物であるかどうかの判断は慎重でなければなるまい。

〔22〕　工場抵当法第三条目録の効力

最判平成六年七月一四日・民集四八巻五号一一二六頁

〔事　実〕　XはA所有の工場建物につき第一順位の根抵当権を取得し、その登記を経由したが、工場抵当法三条の定める目録（三条目録とよぶ）の提出はされなかった。その後、Yは同じ物件に後順位の抵当権を取得し、その登記申請には、ミキサー、集塵機、ベルトコンベアなど八点の本件物件を記載した三条目録が提出された。ついで、Bの申立てにより工場建物と本件物件が競売に付された。執行裁判所は本件物件については、Yが優先権を有するものとして配当表を作成した。Xは、自分の抵当権の効力が本件物件にも及んでいるとして配当表の変更を求めて提訴。第一審はXの請求を棄却。しかし、原審は、三条目録の提出がなくても本件建物の抵当権の効力は工場抵当法二条の物件に及び第三者に対抗できるとした。Y上告。

〔判　文〕　破棄自判「工場の所有者が工場に属する土地又は建物の上に設定した抵当権（以下

『工場抵当権』という。）は、その土地又は建物に付加してこれと一体を成した物及びその土地又は建物に備え付けた機械、器具その他工場の用に供する物（以下、後者を『供用物件』という。）に及ぶが（法二条参照）、法三条一項は、工場の所有者が右土地又は建物につき抵当権設定の登記を申請する場合には、供用物件につき目録（三条目録）を提出すべき旨を規定し、同条二項の準用する法三五条によれば、右目録は登記簿の一部とみなされ、その記載は登記とみなされている。また、法三条二項の準用する法三八条は、右目録の記載事項に変更が生じたときは、所有者は遅滞なくその記載の変更の登記を申請すべき旨を規定している。

右条項の規定するところに照らせば、工場抵当権者が供用物件につき第三者に対してその抵当権の効力を対抗するには、三条目録に右物件が記載されていることを要するもの、言い換えれば、三条目録の記載は第三者に対する対抗要件であると解するのが相当である。

もっとも、土地又は建物に対する抵当権設定の登記による対抗力は、その設定当時右土地又は建物の従物であった物についても生ずるから（最高裁昭和四三年(オ)第一二五〇号同四四年三月二八日第二小法廷判決・民集二三巻三号六九九頁〔19〕参照）、工場抵当権についても、供用物件のうち抵当権設定当時工場に属する土地又は建物の従物であったものについては三条目録の記載を要しないとする考え方もあり得ないではない。しかしながら、供用物件のうち右土地又は建物の従物に当たるものについて三条目録の記載を要しないとすれば、抵当権設定の当事者ないし第三者は、特定の供用物件が従物に当たるかどうかという実際上困難な判断を強いられ、また、抵当権の実行手続において、執行裁判所もまた同様の判断を余儀なくされることになる。したがって、法が供用物件について三条目録を提出すべきものとしている趣旨は、供用物件が従物に当たるかどうかを問わず、一律にこれを三条目録に記載すべきものとし、そのことにより、右のような困難な判断を回避し、工事抵当権の実行手続を簡明なものとすることにもあるというべきである。」

〔解　説〕　目録を提出されなくても、工場と一体となっている限り、かかる供用物件は工場抵当権の登記で第三者に対抗しうるという立場もある。原審の立場である。建物の抵当権の効力が当然に従物に及ぶことが前提になっている〔19〕〔21〕。これも一理である。しかし、本判決は、三条目録の提出がなされ、それらに記載されなければ、後順位抵当権者や一般債権者等に対抗できないとしたものである。その理由は、①従物については供用物件として三条目録に記載されなくても対抗でき、従物でない物件についてのみ三条目録に記載しなければ対抗できないと解すると、供用物件が従物にあたるかどうか微妙な判断で設定当事者も裁判所も苦しむことになる。そこで、簡明に、従物であると否とを問わず、三条目録に記載されたもののみ対抗しうるとしている、②目録の記載は登記とみなされる（工抵三五）、③目録記載事項に変更が生じたときは、所有者は遅滞なくその記載の変更の登記を申請すべき旨を定めている（工抵三八）、などである。

妥当な結論というべきであろう。

〔23〕 工場抵当権の目的とされた動産

最判昭和五七年三月一二日・民集三六巻三号三四九頁

〔事　実〕　協同組合Aに対する債権者Xは、Aの所有する工場建物に工場抵当法第二条による根抵当権を有し、本件動産は右工場に備え付けられたもので、Xの根抵当権の登記に当っても同法第三条による目録に記載されていた。A組合の代表者Bは、本件動産を自分の所有と称してYに売却し、引き渡した。Xは、Yに対して、本件動産について売買その他抵当権の実行を妨げる一切の行為の差止めと右工場への搬入（返還）を請求した。Yは、即時取得を主張したが、原審は、Yに過失ありとしてこれを認めず、Xの主張が認められた。Yは、抵当権者には本件動産を元の備付場所に搬入することを求める権利はないと主張して上告した（我妻編・民法基本判例集〔第六版〕〔一四八〕参照）。

〔判　文〕　棄却「工場抵当法二条の規定により工場に属する土地又は建物とともに抵当権の目的とされた動産が、抵当権者の同意を得ないで、備え付けられた工場から搬出された場合には、第三者において即時取得をしない限りは、抵当権者は搬出された目的動産をもとの備付場所である工場に戻すことを求めることができるものと解するのが相当である。けだし、抵当権者の同意を得ないで工場から搬出された右動産についても、第三者が即時取得をしない限りは、抵当権の効力が及んでおり、第三者の占有する当該動産に対し抵当権を行使することができるのであり（同法五条参照）、右抵当権の担保価値を保全するためには、目的動産の処分等を禁止するだけでは足りず、搬出された目的動産をもとの備付場所に戻して原状を回復すべき必要があるからである。これと同旨の原審の判断は正当であって、原判決に所論の違法はない。」

〔解　説〕　抵当権は、それが工場抵当法に基づく抵当権であっても、目的物の価値を把握している、所謂、価値権であって、占有を伴なうものではない。したがって、抵当権の効力の及ぶ目的物があった場所から離脱して、その追及力があるとしても、抵当権に基づいて返還請求することはできない。しかし、一括して競売することの便宜のために、もとの場所——ここでは工場——に戻すように請求できると解すべきである。本判決は、それを認めた点で価値がある。前述したように、抵当権は価値権であるが、その価値の一部が離脱した場合に、その価値の回復を求めるという点で適切であるからである。

判文にものっているが、第三者に工場内の動産が引き渡されても、その第三者が即時取得するまでは抵当権の効力がその動産に及んでいる。これを追及力という。

本判決は工場抵当法に関するものだが、この考え方は一般の抵当権に及ぼしてもいい。附加物等が分離されたような場合である。

元の場所に戻せということは、訴えによらざるを得ないが、立法論として、債務名義によらないで、抵当権に基づいて請求しうるとすべきであるという主張もある（我妻・担保物権法三八五頁）。

〔24〕 山林の抵当権と立木——その一

大判大正五年五月三一日・民録二二輯一〇八三頁

〔事　実〕 XがAの山林に対して有する抵当権の実行に着手し競売手続が開始された後に、AからYがその山林の立木（立木登記はされていない）の一部を善意で買い受け、伐採してしまった。XがYに対して立木伐採ならびに搬出の停止を請求した。第一審はこれを認めたが、原審は、立木は伐採によって不動産たる性質を失ったという理由でYの控訴をいれたので、Xが上告した（我妻編・民法基本判例集［第六版］［一四九］参照）。

〔判　文〕 破棄自判「立木ガ抵当権ノ目的タルハ土地ニ生立スル間ニ限ルモノニシテ、一タビ伐採セラレタル時ハ不動産タル性質ヲ失ヒ動産ト為ルガ故ニ、抵当権者ハ之ニ対シ抵当権ノ直接ノ目的トシテ其権利ヲ行フコトヲ得ザルハ当院判例ノ存スル所ナリ（明治三六年一一月一三日第二民事部判決）。然レドモ是レ唯《ただ》立木ガ抵当権ノ実行ニ先ダチ土地ト分離シテ動産ト為リタル場合ニ於テノミ然ルモノニシテ、本件ノ如ク抵当権者ガ抵当権ノ目的タル山林ニ対シテ既ニ権利ノ実行ニ着手シ競売ノ開始セラレタル場合ニ於テハ、民事訴訟法ニ依ル競売ニ在リテハ土地及ビ之ト一体ヲ成ス立木ニ対シ差押ノ効力ヲ生ジ、競売法ニ依ル競売ニ在リテモ之ト同一ノ効力ヲ生ズルモノナレバ、不動産所有者ハ爾《じ》後之ガ処分ヲ制限セラレルモノニシテ、随《したがっ》テ所有者ヨリ立木ノミヲ買受ケタル第三者ト雖モ抵当権ヲ無視シテ其目的物ノ価格ヲ減少スベキ行為ヲ為スコトヲ得ズ。抵当権者ハ其者ニ対シ立木ノ伐採ヲ差止メ得ルハ勿論、既ニ伐採シタルモ尚ホ其地上ニ存スル木材ハ仮令《たとえ》性質ヲ変ジテ動産ト為リタリトモ之ガ搬出ヲ拒ミ得ルモノト謂ハザル可カラズ。何トナレバ、如上差押ノ効力ハ斯ノ如キ物ノ性質ノ変更ニ依リテ消長ヲ来タス理ナク、又民法第三七二条第三〇四条ガ抵当権者ヲシテ物上代位ノ権利ヲ行ハシムル法意ニ鑑ミルトキハ、抵当権ノ実行ハ斯ル権利ヲ伴ハシムルヲ当然トスレバナリ。然ルニ原審ガ、本訴山林立木ノ内杉栗等約二三〇本ハYニ於テ所有者ヨリ買受ケ既ニ伐採シタルモ其当時Xノ抵当権実行ノ為メ競売手続ノ進行中ナリシコトヲ認メナガラ、Xハ抵当権者トシテ之ニ対シ其権利ヲ行フコトヲ得ザルモノト判示シタルハ法則ヲ不当ニ適用シタル不法アルモノニシテ破毀（＝棄）スベク、Yノ控訴ハ之ヲ棄却スベキモノトス。」

〔**解　説**〕これに関連して幾つかの大きな問題があるが、それは次の解説に譲ることにする。さしあたって本判決について――。

古い判例に、立木が伐採されると動産になったのだから、抵当権の効力が及ばないとしたものが、本判文が示すようにある（大判明治三六年一一月一三日・民録九輯一二二二頁）。しかし、それは抵当権の実行の前である。本事案のように、抵当権の実行が始まると、差押えの効力を生ずる（現民執四五、四六条）。差押えがあっても通常の用法に従って収益することは差し支えない。毎年定量だけ伐採するような輪伐ならできることになるが、そういう場合でない場合である。差押えの効力を生ずると、目的不動産の所有者は処分ができなくなるし、価格を減少するような行為は禁止される。本事案のような伐採、搬出が許されないことになる。

このような行為を本事案のように第三者がしようと、債務者・抵当権設定者がなそうと同じである。

また、行為者の故意・過失を要しない。さらに、かかる行為によって、目的物の価値が被担保債権を下回ることを要しない。

ただ、問題は、かかる行為の禁止を求める根拠はつねに差押えをてことせざるを得ないのであろうか。このあとで、判例は変ってゆくが、これらについては次に述べる。

本判決は、伐木の搬出禁止を差押えの効力に求めているが、その下敷きにこれらの伐木に抵当権の効力が及んでいることを示している。その根拠として、第三七二条（三〇四条を準用）に基づくようなことを述べているとようにもみえる。抵当権の目的物が形を変えたものに及ぶという物上代位の制度が根拠をなしているようにも受けとれる述べ方である。しかし、これは問題である。〔25〕と〔26〕とに分けて述べるつもりだが、形を変えるというのは、事実上形を変えるという意味ではなく、価値的に同一性を変えることなくという意味であるから、ここで持ち出すのは適切とはいえない。

〔25〕

山林の抵当権と立木——その二

大判昭和七年五月一八日・新聞三四〇七号一五頁

〔事　実〕　正確には事実関係はわからないが、おそらく——。Y_1はXに山林を抵当にいれて金を借りたものと思われる。ところがY_1がこの立木の一部を伐採し、この伐木をY_1はY_2に、Y_2はY_3に売却した。そこで、Xはこれらの伐木に抵当権が及んでいることの確認と、その引渡しを求めて訴えをおこした。原審は、伐木は動産になったのだから、抵当権の効力は及ばないとした。そこでXは上告した。

〔判　文〕　破棄差戻「動産ニ対スル抵当権ナルモノハ因ヨリ成立スルニ由無シト雖《いえども》、一旦抵当権ガ不動産ニ対シテ設定セラレタル以上、其後不動産ノ一部ガ元物ヨリ分離セラレ一ノ動産ト為リタル場合（例ヘバ収取セラレタル果実、切リ出サレタル石材）ニ於テ、唯此ノ一事ニ因リ抵当権ノ効力ガ当然其物ノ上ヨリ消エ去ルノ道理無シ。原審ガ伐採セラレタル立木ハ不動産タル性質ヲ失フガ故ニ抵当権ノ消滅ヲ来スト判示シタルハ失当ヲ免ル可カラズ。……

抵当権ハ絶対権ナルヲ以テ抵当物ニ対シ（従ヒテ抵当権ソノモノニ対シ）危害ヲ加ヘムトスル者アル場合ニ於テハ、其所有者タルト第三者タルトヲ問ハズ之ニ対シ不作為ノ請求権ヲ有スルハ言ヲ俟《ま》タズ（仮ノ地位ヲ定ムル仮処分ヲ為シ得ルコトニ付キテハ姑《しばら》ク云ハズ）。Xガ、第一審以来Y_3ハ伐採シタル木材ヲ「右山林地内ニ積置キシガ近来ニ至リ之ヲ阪神地方ニ運送セムトシツツアリ。仍《よっ》テXハ右木材ニ付其抵当権ヲ実行セムガ為メY_3に対シ木材ノ引渡ヲ（中略）求ムル為メ本訴ニ及ビタリ」ト主張セルハ少クトモ右ノ不作為請求権ヲ主張セルノ趣旨ト解シ得ザルニ非ズ。原審トシテハ宜ク釈明権ヲ行使シ以テ其意ノ存スルトコロヲ審《つまびらか》ニス可キニ拘《かかわ》ラズ、此挙ニ出ヅルコト無ク、輒《たやす》ク所謂《いわゆる》引渡請求権ナルモノヲ否定シ去リタルハ失当ヲ免ル可カラズ。……

Y_1ヨリXニ対スル当該債務ノ為メ本件土地ト立木ト一体ヲ成シテ本件抵当権ノ目的ト為リ且其登記ヲモ経タルコトハ原審ノ確定スルトコロナリ。従ヒテ其後立木ノ所有権ガY_2ニ同人ヨリ更ニY_3ニ移転シタルノ事実アリトスルモ、Xノ抵当権ハ此等ノ者ニ対抗スルヲ得ルコト勿論ナリ。而モY_2ハ立木ニ対スル抵当権ヲXニ於テ有スルコトヲ争ヘルヲ以テ、Xトシテ抵当権存在ノ確認判決ヲ求ムルハ必ズシモ其利益無シト云フ可カラズ。」

〔解　説〕　山林を抵当にいれたあとで、設定者なり第三者なりが立木を伐採して伐木を山上においた場合、その伐木に抵当権の効力が及ぶかについては、いままでは否定説はないか、あっても極めて少ないと考えてよい。どういう論理を使うか。

①公示の衣装に包まれている。すなわち、抵当権の登記によってカバーされている状態であるというわけである。この判例もこの考え方によっていると思われる。ただ、抵当権の実行は登記を必ずしも必要としないから、未登記の抵当権が実行されたときに山林と一緒に競売できるかの問題にはこの構成では無力になる。②山の上におかれておれば、山との一体性がなくなっていないから、抵当権の効力が及ぶ。

私は②をとりたい。

つぎに、この判決は、〔24〕の判例と違って、抵当権に基づいて、不作為（伐採するな・運ぶな）を請求することができるとしている。その根拠を抵当権は絶対権だからといっている。〔24〕を改めたといってよいが、その根拠はむしろ、抵当権の不可分性でいったほうがいいのではないだろうか。山林のどの部分も債権全額を担保していることを根拠としたい。

ところで、この伐木が運びだされたら、どういう措置をとれるかはこの判決からは明らかではない。〔23〕の判例は工場抵当権の判例であるが、同じように解すべきものだと考えたい。ただ、この場合は抵当権の登記が必要である。すなわち、伐木が持ちだされても、第三者が即時取得しない限り、追及力があると考えたい。そして、その追及力は、もとの場所に戻せと請求できると解すべきである。

なおこの判決は、抵当権の効力が果実に及ぶようないい方をしているが、これは三七一条に反する。抵当権は設定者の手許に止めておいて利用させる制度だから、果実収取権を与えるのは当然のことである。だから及ぶのは、果実のように見えてそうでない場合である。たまたま伐採したような場合であろう。

〔26〕 物上代位による代位物――その一

大判（連合部）大正一二年四月七日・民集二巻二〇九頁

〔事　実〕 Xは、債務者Z_1（従参加人）の家屋焼失により同人が取得したY保険会社に対する火災保険金請求権について、大正一〇年五月三〇日に差押えのうえ転付命令を受け、その命令は翌日Yに送達された。他方、Z_1に対する他の債権者Z_2（従参加人）、Z_3（同上）も右の家屋の上に抵当権を有していたが、翌月の七日にZ_2が、八日にZ_3がやはり差押・転付命令を受けた。XはYに対し保険金を自分に払うように請求し、原審はこれを認めた。Y・Z_1・Z_2・Z_3が、他の債権者が先に差し押えた場合でも代位物が債務者の他の財産と混同していない以上抵当権に優先権があると主張して上告（我妻編・民法基本判例集〔第六版〕一八五頁より）。

〔判　文〕 棄却「民法第三〇四条第一項及第三七二条ニ依レバ抵当権ハ其ノ目的物ノ滅失ニ因リ債務者ガ受クベキ金銭ニ対シテ之ヲ行フコトヲ得ルモ、之ヲ行フニハ其ノ金銭払渡前ニ抵当権者ニ於テ差押ヲ為スコトヲ要スルモノニシテ、其ノ差押ハ抵当権者自身ニ於テ之ヲ為スコトヲ要シ、他ノ債権者ガ其ノ債権保全ノ為ニ為シタル差押ハ抵当権者ノ右権利ヲ保全スルノ効ナキモノト解スルヲ当然トス。蓋《けだ》シ抵当権ハ本来其ノ目的物ノ滅失ニ因リテ消滅シ債権者ノ受クベキ金銭ニ付テハ当然存スルモノニ非ズト雖《いえども》、民法ニ於テ特ニ如上《じょじょう》ノ規定ヲ設ケタルハ畢竟《ひっきょう》抵当権者ヲ保護センガ為ニ其ノ目的物ノ滅失ニ因リ債務者が第三者ヨリ金銭ヲ受取ルベキ債権ヲ有スルニ至ルトキハ、其ノ債権ニ対シテモ抵当権者ニ之ヲ保存セシメ優先権ヲ行フコトヲ得セシムルヲ適当ト認メタルニ因ルモノニ外ナラズシテ、右債権ニ付抵当権者ガ差押ヲ為スコトハ其ノ優先権ヲ保全スルニ欠クベカラザル要件タルコト法文上明白ナレバナリ。而シテ債権ノ転付命令アリタルトキハ民事訴訟法第六〇一条（現民執一六〇条）ノ規定ニ依リ債務者ハ差押債権者ノ債権ヲ弁済シタルモノト看做サレ、其ノ限度ニ於テ転付債権ハ差押債権者ニ移転スルコト明白ナル所ニシテ、斯ノ如キ効力ヲ生ズルコトハ民事訴訟法ノ規定スル所ナルガ為ニ実体法上然ラザルモノト謂フベカラズ。是ヲ以テ抵当権ノ目的物ノ滅失ニ因リ債務者ガ第三者ヨリ金銭ヲ受取ルベキ債権ヲ有スル場合ニ於テ、其ノ債権ニ付抵当権者ガ差押ヲ為サザル間ニ他ノ債権者ガ差押ヲ為シ転付命令ヲ受ケタルトキハ、該命令ガ規定ニ従ヒ送達セラルルニ因リテ差押債権者ノ債権ハ弁済セラレタルモノト看做《みな》サレ、其ノ限度ニ於テ転付債権ハ差押債権者ニ移転シテ債務者ガ第三者ヨリ金銭ヲ受取ルベキ債権関係ナキニ帰スルコトハ、債務者ガ其ノ債権ヲ他人ニ譲渡シタル場合ト異ルコトナシ。従テ差押債権者ハ仮令《たとい》抵当権者ヨリ劣等ノ順位ニ在ル優先権者又ハ普通債権者ニシテ之ニ対シ第三債務者ガ未ダ払渡ヲ為サザル場合ト雖《いえども》、右転付命令ガ法定ノ送達ニ因リテ効力ヲ生ジタル後ニ至リテハ、叙上ノ如ク既ニ差押債権者ニ移転シテ債務者ニ存セザル債権ニ対シ抵当権者ガ他人ノ為シタル右差押ヲ利用シ若ハ自ラ更ニ差押ヲ為シテ其ノ優先権ヲ行フコトヲ得べキ理由ナケレバ、斯ノ如キ場合ニ於テモ亦民法第三〇四条第一項但書ノ趣旨ニ準拠シ抵当権者ハ右転付命令ノ効力生ズル以前ニ差押ヲ為スニ非ザレバ其ノ優先権ヲ保全スルコトヲ得ザルモノト解スルヲ相当トス。」

〔解　説〕　保険金（請求権）が三七二条（三〇四条）でいう滅失または毀損によって債務者が受けるべき金銭といえるかについては問題がある。通説は肯定するが、これは保険契約に基づいて支払われた保険料の対価であると解すべきで、代位物ではないとする少数説がある。私は通説に賛したい。

物上代位については、その払渡しまたは引渡し前に差押えをすることを要件としている。これについては議論が多い。

これらの代位物について払渡しまたは引渡しがなされてしまうと、債務者の一般財産に混入し、これが（抵当権の目的物が）変ったものだという特定ができなくなるからだということに根拠があることは間違いない。さらに、この判決は、この差押えは、抵当権者をして、この代位物を保存させ優先権を保全させるためになされるものであるという。したがって、他の債権者が差押えをして転付命令を得た場合は抵当権者の代位は生じない、という。

これに対して、反対の学説が多い。問題を設定者の他の債権者が代位物を差し押えた場合に、抵当権者が物上代位をなしうるかについて考えてみよう。①物上代位をするためには、抵当権者は他の債権者に先んじて差押えを要するとする考え方。この判決がそうである。②他の債権者が差し押えていても、抵当権者が差押えれば、執行手続内で優先しうるとする考え方（我妻・担保物権法二八五頁等）。③他の債権者が差し押えれば、自ら差押えをしなくとも優先しうるとする考え方（柚木＝高木・担保物権法二七二頁）。

ところで、最高裁は、昭和五〇年代に入ると考え方が変ってくる。優先権を全面に出すことをやめ、特定性の保持に主たる根拠をおくようになった（最判昭和五九年二月二日・民集三八巻三号四三一頁など）。そして、一般債権者が債務者に対する債務名義をもって目的債権につき差押命令を取得したにとどまる場合には、これによって物上代位が妨げられることにならないとした（前掲昭和五九年の判決）。この先どこに進むかわからないが、②の立場をとることになるだろうか。

〔27〕 物上代位による代位物——その二 区画整理法による清算金と物上代位

最判昭和五八年一二月八日・民集三七巻一〇号一五一七頁

〔事　実〕 A所有の本件土地について土地区画整理が行なわれ、AはY（大阪市）に対して換地に伴う清算金債権を有していた。他方、本件土地について換地処分の公告以前からBらが根抵当権を有していた。Aに対する債権者XはAの右清算金債権に対して差押・転付命令を得た。Yは、Bらから右清算金を供託しないでもよいという申出を受けなかったので、右清算金を、X、Bらを被供託者として供託した。Xは、右供託は無効であると主張して、Yに対して右清算金を自分に支払えと請求した。原審は、根抵当権が存在する以上AもXも直接Yに清算金の支払を求めることはできないとして、Xの請求を認めない。Xが土地区画整理法一一二条一項の解釈を争って上告した（我妻編・民法基本判例集〔第六版〕一八七頁より）。

〔判　文〕 棄却「土地区画整理法一一二条一項は、施行者は、施行地区内の宅地について清算金を交付する場合において、当該宅地について抵当権等があるときは、抵当権等を有する債権者から供託しなくてもよい旨の申出がない限り、右清算金を供託しなければならない旨定めているが、その趣旨は、右のような場合、施行者が清算金を直接宅地所有者に払い渡してしまうと、抵当権等を有する債権者が事実上右清算金に対し物上代位権を行使することができなくなるおそれがあるので、右抵当権者等を保護するため、抵当権を有する債権者から供託しなくてもよい旨の申出がない限り、右清算金を供託しなければならないことにしたものであるから、その反面として、宅地所有者は、施行者に対し直接右清算金の支払を請求することができず、単に施行者に対し右清算金を供託すべきことを請求しうるにすぎないものと解するのが相当である。そして、清算金債権の右のような内容及び効力は、右債権が譲渡等により宅地所有者から第三者に移転しても異なるものではなく、宅地上に抵当権等を有する者があらかじめ物上代位権を行使して差押えをする以前に右の譲渡等が行われた場合においても、これにより右債権の移転を受けた者において施行者に対し直接清算金の支払を請求することができることとなるわけのものではないというべきである。してみれば、前記事実関係のもとにおいて、XがYに対する前記清算金債権について差押・転付命令を得たとしても、これによってYに対し直接右清算金の支払を請求することができるものではないものといわざるをえない。これと同趣旨の原審の判断は、正当として是認することができ、原判決に所論の違法はない。」

〔解　説〕　物上代位の目的である債権が抵当権者の差押の前に債務者＝抵当権設定者から第三者に譲渡され（対抗要件を得ている）、あるいは差押・転付命令がなされれば、本来、抵当権の物上代位の問題が生じないはずである。もはや、それは債務者の財産でないからである。もっとも、抵当権の追及力がこの債権に及ぶという考えをもつものもあるが、しかし、抵当権の公示＝登記が債権に及ぶという考えは不合理である。

ところが、本判決はこの例外を示した。すなわち、土地区画整理法一一二条一項は、抵当権者から供託をしなくてもよいとの申出がないかぎり、右清算金を供託しなければならないとしており、この清算金債権の内容および効力は、譲渡等により第三者に移転しても異なるものでないとするものである。抵当権者を厚く保護したものである。

いってみれば、この場合は、抵当権者は、清算金債権に債権質権に類似した優先権を有するものだということであろう（我妻・担保物権法二八八頁）。その結果、抵当権は供託金返還請求権の上に移行する。したがって、これらの請求権を取得した抵当不動産の所有者が、事業者が供託する前に譲渡しても、転付命令がなされても、請求権の上の質権（上記の類似としたもの）は追及力を失なわない。

〔28〕 物上代位による代位物――その三　賃料は代位の目的物となるか

最判平成元年一〇月二七日・民集四三巻九号一〇七〇頁

〔事　実〕　Aは、所有の建物をBおよびCへ賃貸したのち、Y銀行のために根抵当権を設定した。Xは、Aから右建物を買い受け、賃貸人の地位を承継した。この建物の先順位抵当権者Dの申立てにより、右建物に対する競売が開始された後、Yは根抵当権による物上代位に基づいてBとCが供託していた賃料についてXが有する供託金還付請求権を差し押さえ、転付命令を得た。Xは、抵当権に基づく物上代位は賃料には及ばないと主張し、Yが取得した金額は不当利得に当たるとして、その返還を請求した。第一審、第二審ともに請求棄却。Xが上告(我妻編・民法基本判例集〔第六版〕一八八頁より)。

〔判　文〕　棄却「抵当権の目的不動産が賃貸された場合においては、抵当権者は、民法三七二条、三〇四条の規定の趣旨に従い、目的不動産の賃借人が供託した賃料の還付請求権についても抵当権を行使することができるものと解するのが相当である。けだし、民法三七二条によって先取特権に関する同法三〇四条の規定が抵当権にも準用されているところ、抵当権は、目的物に対する占有を抵当権設定者の下にとどめ、設定者が目的物を自ら使用し又は第三者に使用させることを許す性質の担保権であるが、抵当権のこのような性質は先取特権と異なるものではないし、抵当権設定者が目的物を第三者に使用させることによって対価を取得した場合に、右対価について抵当権を行使することができるものと解したとしても、抵当権設定者の目的物に対する使用を妨げることにはならないから、前記規定に反してまで目的物の賃料について抵当権を行使することができないと解すべき理由はなく、また賃料が供託された場合には、賃料債権に準ずるものとして供託金還付請求権について抵当権を行使することができるものというべきだからである。

そして、目的不動産について抵当権を実行しうる場合であっても、物上代位の目的となる金銭その他の物について抵当権を行使することができることは、当裁判所の判例の趣旨とするところであり(最高裁判所昭和四二年(オ)第三四二号同四五年七月一六日第一小法廷判決・民集第二四巻七号九六五頁参照)、目的不動産に対して抵当権が実行されている場合でも、右実行の結果抵当権が消滅するまでは、賃料債権ないしこれに代わる供託金還付請求権に対しても抵当権を行使することができるものというべきである。」

〔解　説〕　賃料が抵当権に基づく物上代位の目的物となり得るかについては、古くから学説には争いがあった。というのは、本判決もいっているように、抵当権は、目的物の占有を抵当権設定者の下にとどめ、設定者が自ら使用し又は第三者に使用させ、その収益によって弁済への一助にしようとするものであるからである。ここから説が分れる。一は、三七一条は、抵当権の効力は果実に及ばないと定めた。この果実には、賃料のような法定果実をいれるべきだという考え方である。

他方、三七一条で準用されている三〇四条は、「目的物ノ…賃貸…ニ因リテ受クベキ金銭」となっており、この判決もそうだが、第三者に使用させることによって得られる対価について抵当権の行使ができると解しても、抵当権設定者の目的物の使用を妨げることにはならないから、上記条文に反してまで、抵当権を行使することができないと解すべき理由はない。そして賃料が供託された場合には、賃料債権に準ずるものとして供託金還付請求権について抵当権を行使することができる、と考えるのである。

本来、物上代位は、抵当権についていえば、抵当権の目的物が価値的に同一性を保ちつつ別なものに変ったとき、たとえば、売却代金に代ったときに、抵当権の効力がこれに及ぶとしたもので、価値権からくる帰結である。したがって、賃料にも及ぶとすれば、この点をどう説明するか。

学説は、賃料は目的物の交換価値のなし崩し的実現を意味すること（賃料をきめるとき建物にかけた費用を二〇年で償還すると幾らになるかなどできめることが多いことを考えればよい）を理由として肯定する者が多い（我妻・担保物権法二七五頁など）。しかし、近時、前述の理由から否定する者も多くなってきた（鈴木禄彌・物権法講義〔改訂版〕一五四頁など）。

肯定するにしても、債務者に信用危機が生じてから及ぶという者もあるが、危機なるものを誰が判定するのか、問題もあろう。

賃料に及ぶといっても、差押えをしなければならないこと、その額がしれたものであることを考えれば、肯定することにどれ程の意義があろうか。

私は、及ばないとする説に賛したい。

〔29〕 法定地上権――その一　建物が土地に対する抵当権設定後に完成した場合

最判昭和三六年二月一〇日・民集一五巻二号二一九頁

〔事　実〕　Aは所有の土地に建物を建てようとして土台を作ったところで、土地をXに抵当にいれた。Xはこの土地を更地《さら》として評価したうえ、Aの建物築造をA以外の者から金融を受けないという条件付きで承諾した。その後、建物が完成したが、Aはこの建物をYに抵当にいれた。Xは、三八九条により、土地建物を一括競売に付し、Xが土地をYが建物を競落した。XがYに対し建物収去を訴求。Yは法定地上権を主張したが、原審はこれを認めないので、Y上告。

〔判　文〕　棄却「民法三八八条により法定地上権が成立するためには、抵当権設定時において地上に建物が存在することを要するものであって、抵当権設定後土地の上に建物を築造した場合は原則として同条の適用がないものと解するを相当とする。然るに本件建物は本件土地に対する抵当権設定当時完成していなかったことは原審の確定するところであり、またXが本件建物の築造を予め承認した事実があっても、原判決認定の事情に照し本件土地を更地として評価して設定されたことが明らかであるから、民法三八八条の適用を認むべきではなく、この点に関する原審の判断は正当である。」

〔解　説〕　土地とその上の建物とがAの所有に属している場合に、Aがその何れか一方、たとえば土地をBに抵当にいれたところ、弁済がなされず、抵当権が実行され、Cが競落したとしよう。C所有の土地にAの建物が何の権原もなく存在しているから、CはAにその収去を求められることになる。それを避けるために、AがBに抵当にいれるにあたって自分の土地にこの建物のために借地権の設定ができればいいが、民法はこれを認めない（民一七九条、五二〇条、いわゆる自己借地権は例外的に借地借家法一五条で規定するが、特殊な場合である）。そこで、建物を温存したい、自己借地権を設定したいという抵当権設定者＝土地・建物の所有者の意思を抵当権の実行の際に生かすことにした（この理由を①とする）。それが民法三八八条に規定する法定地上権である。さらに、建物の収去をなるべくおさえることは社会経済上も望ましいのである（この理由を②とする）。

ただ、法定地上権の成立する範囲を拡げることは、抵当権者にとっては酷な場合がでてくる。土地や建物を評価するときに、法定地上権が成立するものとして評価するか、しないものとして評価するかは、大きな違いがでてくるからである。

②を重く見るものは、法定地上権の成立を広く認めようとする。抵当権者に酷ではないかという批判に対しては、民法三八九条の一括競売の規定を積極的に使うべきだという。本判例の場合などはそうだという。

なお、民事執行法も法定地上権の成立を認めるが（八一条）、法定地上権一般についていえば、②を根拠とするといってよかろう。

法定地上権が成立する要件として、ⓐ土地とその上の建物とが同一の所有者に属していること、ⓑ土地と建物の何れか一方または双方に抵当権が設定されたこと（条文は前者のみになっているが、判例は後者の場合にも適用する（最判昭和三七年九月四日・民集一六巻九号一八五四頁））、ⓒ競売の結果、別々の所有者が両者を所有するようになったこと、とされている。

本判例に入る前に、更地に抵当権を設定した後で建物を建てた場合を考えよう。判例・通説は法定地上権の成立を否定する（大判大正四年七月一日・民録二一輯一三一三頁など）。その根拠は、土地の担保価値を更地として高く評価するから、その後に建てられた建物について法定地上権が成立するとすると、土地の交換価値は下落し、抵当権者が害されるということにある。

本判例は、土地を抵当にいれたとき、建物築造の中途で土台ができていた。抵当権者は建物の築造を条件附ではあるが同意していた。しかし、抵当権者は、この土地を更地として評価していることを理由に法定地上権の成立を否定したものである。

これに対して、前述した法定地上権成立の拡大を主張する側からは、成立を肯定すべきだと主張されている。三八九条の一括競売(抵当権の設定された土地の上に建物が築造された場合に、抵当権者は土地と建物を一括して競売できるというもの)をすれば、抵当権者にとって酷ではない――土地がそれ相応の価値をもつものとして競落される――からだというのである。

しかし、判例は、この態度を崩していない、土地の抵当権者が事前に建物の建築を承諾していても、法定地上権は成立しないとしている(最判昭和五一年二月二七日・判時八〇九号四二頁)。

〔30〕 法定地上権――その二　建物が土地抵当権設定後に堅固な建物に改築された場合

最判昭和五二年一〇月一一日・民集三一巻六号七八五頁

〔事　実〕　Aは本件土地とその上の工場建物（旧建物）を所有していたが、B銀行から融資を受け、本件土地に根抵当権を設定した。その際、Aは近い将来旧建物を取り壊し、堅固な建物として新工場を建築することを予定しており、B銀行もこれを承知していた。そして、右新工場の建築を度外視して本件土地の担保価値を算定したものでないことが認められている。旧建物を取り壊し、新建物の建築後にB銀行が根抵当権を実行し、自ら競落人となった。XはB銀行から本件土地を買い受けた者である。他方、Aの新建物（工場）についても抵当権が設定され、それが実行されてYが所有者となっている。XがYに対して建物収去・土地明渡しを請求。Yは法定地上権の成立を主張。原審は、Yの請求を認めた。X上告（我妻編・民法基本判例集〔第六版〕一九〇頁による）。

〔判　文〕　棄却「思うに、同一の所有者に属する土地と地上建物のうち土地のみについて抵当権が設定され、その後右建物が滅失して新建物が再築された場合であっても、抵当権の実行により土地が競売されたときは、法定地上権の成立を妨げないものであり（大審院昭和一〇年(オ)第三七三号同年八月一〇日判決・民集一四巻一五四九頁参照）、右法定地上権の存続期間等の内容は、原則として、取壊し前の旧建物が残存する場合と同一の範囲にとどまるべきものである。しかし、このように、旧建物を基準として法定地上権の内容を決するのは、抵当権設定の際、旧建物の存在を前提とし、旧建物のための法定地上権が成立することを予定して土地の担保価値を算定した抵当権者に不測の損害を被らせないためであるから、右の抵当権者の利益を害しないと認められる特段の事情がある場合には、再築後の新建物を基準として法定地上権の内容を定めて妨げないものと解するのが、相当である。原審認定の前記事実によれば、本件土地の抵当権者であるB銀行は、抵当権設定当時、近い将来旧建物が取り壊され、堅固の建物である新工場が建築されることを予定して本件土地の担保価値を算定したというのであるから、抵当権者の利益を害しない特段の事情があるものというべく、本件建物すなわち堅固の建物を所有を目的とする法定地上権の成立を認めるのが相当である。これと同旨の原審の判断は、正当として是認することができ、原判決に所論の違法はない。」

〔解　説〕　土地に抵当権を設定したときに、その土地の上に建物があり、その後、建物が滅失したり、あるいは取り壊されて同一土地上に建物が新築・再築されたとしよう。この場合、抵当権が実行され、設定者以外の者が競落した場合、この建物につき法定地上権が成立する、というのが、判例（この判例を始めとして）・通説である。抵当権設定時に建物があったのだから、抵当権者は、法定地上権成立の予測のもとでこの土地を評価したのだから妥当な結論である。

問題は、法定地上権の内容はどの建物を基準にするかである。本判決は、原則として取壊し前の旧建物を基準として法定地上権の内容を決定すべきものだという。その理由は、旧建物のための法定地上権が成立することを予定して土地の担保価値を算定した抵当権者に不測の損害を被らせないためである、としている。したがって、抵当権者の利益を害しないと認められる特段の事由がある場合には、再築後の新建物を基準として法定地上権の内容を定めて妨げないとしている。本判例では、抵当権者が、旧建物が取り壊され、堅固な建物である新工場が建築されることを予定して本件土地の担保価値が算定されたのを特段の事由にあたるとしている。

ところで、法定地上権の内容としての存続期間であるが、まず、当事者の協議できまるが、協議が調わないときは、法の定めるところによることになる。それには二つの考え方がある。①二六八条によって、裁判所が二〇年から五〇年以下の範囲できめる。②借地借家法三条によって三〇年とする（旧借地法では堅固な建物では六〇年、そうでないものについては三〇年としている)。②を指示する者が少なくないが、これでゆくと借地借家法を全面的に適用せざるを得なくなるのではないか。私は①の方がいいと考えている。弾力的に対処できるからである。

〔31〕 法定地上権——その三 土地・建物の所有権と対抗要件

最判昭和四八年九月一八日・民集二七巻八号一〇六六頁

〔事　実〕 XはAに対する債権を担保するためにY所有の土地を抵当にとった（物上保証である）。その後、抵当権が実行され、X自ら競落した。抵当権設定当時、その土地にはY所有の建物があったが、それは前主Bから譲り受けたものであり、移転登記を経由していなかった。Xは、Yに対し土地明渡しを請求したのに対し、Yは法定地上権を主張した。原審は、Yは自己名義の登記がないのだから自己の建物であることを対抗できないとして、Yの主張を認めない。Y上告。

〔判　文〕 破棄差戻「土地とその地上建物が同一所有者に属する場合において、土地のみにつき抵当権が設定されてその抵当権が実行されたときは、たとえ建物所有権の取得原因が譲渡であり、建物につき前主その他の者の所有名義の登記がされているままで、土地抵当権設定当時建物についての所有権移転登記が経由されていなくとも、土地競落人は、これを理由として法定地上権の成立を否定することはできないものと解するのが相当である。その理由は、つぎのとおりである。

民法三八八条本文は『土地及ヒ其上ニ存スル建物カ同一所有者ニ属スル場合ニ於テ其土地又ハ建物ノミヲ抵当ト為シタルトキハ抵当権設定者ハ競売ノ場合ニ付キ地上権ヲ設定シタルモノト看做《みな》ス』と規定するが、その根拠は、土地と建物が同一所有者に属している場合には、その一方につき抵当権を設定し将来土地と建物の所有者を異にすることが予想される場合でも、これにそなえて抵当権設定時において建物につき土地利用権を設定しておくことが現行法制のもとにおいては許されないところから、競売により土地と建物が別人の所有に帰した場合は建物の収去を余儀なくされるが、それは社会経済上不利益であるから、これを防止する必要があるとともに(＊これを以下②とする)、このような場合には、抵当権設定者としては、建物のために土地利用を存続する意思を有し、抵当権者もこれを予期すべきものであることに求めることができる（＊このような場合には以下を①とする)。してみると、建物につき登記がされているか、所有者が取得登記を経由しているか否かにかかわらず、建物が存立している以上これを保護することが社会経済上の要請にそうゆえんであって、もとよりこれは抵当権設定者の意思に反するものではなく、他方、土地につき抵当権を取得しようとする者は、現実に土地をみて地上建物の存在を了知しこれを前提として評価するのが通例であり、競落人は抵当権者と同視すべきものであるから、建物につき登記がされているか、所有者が取得登記を経由しているか否かにかかわらず、法定地上権の成立を認めるのが法の趣旨に合致するのである。このように、法定地上権制度は、要するに存立している建物を保護するところにその意義を有するのであるから、建物所有者は、法定地上権を取得するに当たり、対抗力ある所有権を有している必要はないというべきである。

したがって、これと異なる見解にたつ原判決の前示判断には法令違背があり、この違法は判決に影響を及ぼすことが明らかである。」

〔解　説〕　法定地上権の認められる理由は〔29〕で述べたごとく、判文で述べている①②である。この点についてはここでは述べない。

本判決の事案を簡略化すると次のようになる。乙所有の土地とその上の建物とがあり、甲はその土地を抵当にとった。建物は乙名義になっておらず前主丙の名義になっている。抵当権が実行され、丁が買受人となり、建物の収去を求めたというものである。

実体法的にみれば、法定地上権を定めた三八八条の要件をみたしている。しかし、登記面からいえば、土地の所有者と建物の所有者名義が違うから、そこに約定利用権があると推測されるだろう。甲および丁から登記面を見れば法定地上権を予測しえない場合である。この判決の原審はこの立場をとっており、学説にもこれを支持するものがかなりある。乙が登記を怠ったのだから自業自得というべきだというのである。

しかし、本判決はそういう態度をとらず、学説も支持するものが多い。登記面からいえば、前述したように、甲は対抗されるべき約定利用権――実際には存在しないのだが――の存在を覚悟したのだから、法定地上権を認めてもいいのではないかというのである。もっともこの判例は、現実に土地を見てそこに建物があったのだから、それを前提に（法定地上権が成立することを前提に）評価するのが通例だから、法定地上権を認めてよいといっている。それを支えたのは、建物を収去するのは社会経済上認めるわけにはいかないということであり、登記の有無によって決する対抗問題をこえたところに根拠があると考えている。私もこの考え方に賛したい。

〔32〕 法定地上権――その四　建物が第三者に譲渡された場合

大判（連合部）大正一二年一二月一四日・民集二巻六七六頁

〔事　実〕　Aは宅地とその上の建物甲・乙・丙を所有していた。債権者Xのために、宅地と甲・乙建物に抵当権を設定したあと、丙建物をYに譲渡した。抵当権が実行され、X自ら競落し、Yに対し、丙建物の収去と不法占拠を理由に損害賠償の請求をした。Yは法定地上権の成立を主張。原審は、抵当土地または建物の一方が所有者によって任意に処分されたときは、法定地上権の規定は適用されないとしてXを勝たせた。Y上告。

〔判　文〕　破棄差戻「土地及其ノ上ニ存スル建物ノ所有者ガ、土地又ハ建物ノミヲ抵当ト為シ、其ノ一方ガ抵当権ニ基キ競売セラレ二者ノ所有者ヲ異ニスルニ至リタル場合ニ於テ、建物ノ所有者ハ土地使用ノ権利ナキノ故ヲ以テ建物ヲ収去スルヲ免レズト為サンカ、建物ノ利用ヲ害シ一般経済上不利ナルコト論ヲ俟《ま》タズ。民法第三八八条ハ此ノ不利ヲ避ケンガ為ニ建物所有者ニ地上権ヲ附与シタルモノナレバ、土地ノミヲ抵当ト為シタル場合ニ於テハ同条ニ依リ地上権ヲ有スベキ者ハ競売ノ時ニ於ケル建物所有者ナラザルベカラズ。其ノ抵当権設定者タルト否トハ問フ所ニ非ズ。本件宅地ハ其ノ所有者AガXノ為ニ抵当ト為シタルモノニシテ競売ノ結果Xノ所有ニ帰シ、宅地ノ上ニ存スル丙建物ハ宅地ヲ抵当ト為シタル当時ニ在テハAノ所有ニ属セシモ、其ノ後Y之ヲ買取リ宅地競売ノ当時ハYノ所有ニ属シタレバ正ニ民法第三八八条ノ適用ヲ見ルベキ場合ニ該当シ、Yハ同条ニ依リ本件宅地ノ上ニ地上権ヲ有スベキ者ナリ。故ニ原院ガ同条ハ抵当ト為シタル土地又ハ建物ノ競売ニ至ル迄二者ガ依然同一所有者ニ属スル場合ニ限リ適用アルベキモノナリトノ見解ノ下ニ、Yノ地上権取得ヲ否定シタルハ固ヨリ正当ナラズ。然リ而シテ原因ガYニ本件宅地ヲ占有スルノ権利ナシトテYノ占有ヲ不法ナリト為シタル所以《ゆえん》ノモノハ、主トシテYヲ以テ前記法ニ依リテ地上権ヲ有スベキ者ニ非ズト見タルノ点ニ存スルコト其ノ趣旨ニ徴シ之ヲ窮知《きゅうち》シ得ベケレバ、Yヲ以テ不法ニ本件宅地ヲ占有スルモノトシテXノ請求ヲ是認シ、Yニ命ズルニ本件宅地内丙建物ノ利用ニ必要ナル部分ノ明渡及不法占拠ニ因ル損害ノ賠償ヲ以テシタルハ違法、裁判タルヲ免レズ。原判決中ノ此ノ部分ニ対スル上告ハ結局理由アリ。但民法第三八八条ノ適用ニ関シテハ当院モ従来原院ト同一ノ見解ヲ採リタルヲ以テ(明治四〇年三月一一日及大正五年四月一三日ノ当院判例参照)、裁判所構成法第四九条ニ依リ民事ノ総部連合審理ノ上右ノ如ク評決ス。」

〔解　説〕　従来、判例は原審のように解していたものを改めたものである。簡単な例を使って説明しよう(甲、乙……と使うが本文のそれとは無関係である)。乙は所有の土地と建物のうち土地を甲に抵当にいれたあとで、建物を丙に譲渡した。その後、抵当権が実行され、甲自ら土地を競売したとしよう。

乙が建物を丙に譲渡するに当たって土地の約定利用権を設定するはずである。それが賃貸借だとして……、その後で、抵当権が実行されると、この約定土地利用権は抵当権に対抗できないから消滅するはずである(もっとも民法三九五条〔短期賃貸借の保護〕の問題になるが)。あるいは競落人の取得する土地所有権は設定時の所有権であるから、約定利用権は覆滅するといってもよい。したがって法定地上権を認めなければ、建物は収去せざるを得ない。抵当権設定の時点では、ともかく三八八条成立の要件を充たしていたのだし、建物収去となれば社会経済上不都合である。そこで、設定時にさえ要件をみたせば、その後、建物所有者が変わっても、法定地上権の成立を認めたのである。妥当というべきで、いまでは反対に解する者はいない。

本事案は建物の売却だが、土地の売却でも同じことである。土地の売主が、自己の建物のために、買主に約定利用権を設定してもらうことになる。あとは同じ法理である。

なお、本判決は、法定地上権の範囲をその建物の利用に必要な範囲であることを間接的にいっているが、当然のことであろう。その建物のための地上権なのだから。

〔33〕 法定地上権――その五　先順位抵当権設定の時に同一人に属してなかった場合

最判平成二年一月二二日・民集四四巻一号三一四頁

〔事　実〕 A、Bは父子で、Aは土地の所有者、Bはその上の建物甲の所有者である。CのD銀行に対する債務につき、この土地と建物を共同担保として、A、Bは極度額三〇〇〇万円の順位一番の根抵当権を設定した。その後、Aが死亡しBが相続したため、土地がB所有となってから、極度額が二四〇〇万円に増額された。その後、Bは建物甲を取り壊し、従来からあった建物乙を増築し（建物甲と同一性があると考えてよい）、Eのために土地につき後順位の抵当権を設定し、さらに、Fのために土地・建物につき後順位の共同抵当権を設定した。Dの抵当権実行により本件土地が競売されXが競落人となった。この競売手続中に右建物が焼失したため、Bは残部を取り壊して、土地をY_1に賃貸し、Y_1は本件建物を建築して本件土地を占有し、またY_2は建物の一部につきY_1から利用権の設定を設けて、その敷地を占有している。XからY_1に対して建物収去・土地明渡しと損害金の支払、Y_2に対して建物からの退去、土地明渡しを請求した。原審は、極度額増額時に土地・建物が同一人の所有に帰すれば法定地上権が成立するという主張は斥けたが、後順位抵当権設定の時に同一人に属していれば法定地上権は成立するという主張は認めた。X上告。

〔判　文〕　破棄・一部自判・一部差戻「土地について一番抵当権が設定された当時土地と地上建物の所有者が異なり、法定地上権成立の要件が充足されていなかった場合には、土地と地上建物を同一人が所有するに至った後に後順位抵当権が成立されたとしても、その後に抵当権が実行され、土地が競落されたことにより一番抵当権が消滅するときには、地上建物のための法定地上権は成立しないものと解するのが相当である。けだし、民法三八八条は、同一人の所有に属する土地及びその地上建物のいずれか又は双方に設定された抵当権が実行され、土地と建物の所有者を異にするに至った場合、土地について建物のための用益権がないことにより建物の維持存続が不可能となることによる社会経済上の損失を防止するため、地上建物のために地上権が設定されたものとみなすことにより地上建物の存続を図ろうとするものであるが、土地について一番抵当権が設定された当時土地と建物の所有者が異なり、法定地上権成立の要件が充足されていない場合には、一番抵当権者は、法定地上権の負担のないものとして、土地の担保価値を把握するのであるから、後に土地と地上建物が同一人に帰属し、後順位抵当権が設定されたことによって法定地上権が成立するものとすると、一番抵当権者が把握した担保価値を損なわせることになるからである。なお、原判決引用の判決(大審院昭和一三年(オ)第二一八七号同一四年七月二六日判決・民集一八巻七七二頁、最高裁昭和五三年(オ)第五三三号同年九月二九日第二小法廷判決・民集三二集六号一二一〇頁)は、いずれも建物について設定された抵当権が実行された場合に、建物競落人が法定地上権を取得することを認めたものであり、建物についてはこのように解したとしても一番抵当権者が把握した担保価値を損なわせることにはならないから、土地の場合をこれと同視することはできない。……本件土地の抵当権の実行によりXが競落した本件土地について法定地上権は成立しないものというべきである。」

〔解　説〕　設例を簡単にして説明しよう。A所有の土地の上にB所有の建物があり(本判決の事案のA、Bとは関係がない)、Aが土地をCに抵当にいれた後で、BがAから土地を譲渡され、その土地をBがDに二番抵当にいれ、Cが抵当権を実行したとしよう。二番抵当権を設定した時点で土地、建物が同一所有者に属しており、形の上では三八八条の要件を充たすが、一番抵当権設定時には充たしていないという場合である。

Bの建物がAの土地の上にあるのだから、Bには何らかの土地利用権があるはずである。そのBがAから土地を譲り受ければこの利用権は混同によって消滅するはずである(民法一七九条)。しかし、その前に土地に抵当権が設定されていると、混同は生じないと考えてよい(民法一七九条二項類推)。その後、この土地に二番抵当権が設定されても同じである。一番抵当権が実行されると、この抵当権は消滅する。そして競落人は、約定利用権によって制約をうけた土地所有権を取得することになる。強大な法定地上権を与えるのは行きすぎた保護である。本判決は、抵当権者は、このような場合、法定地上権の成立を予測しない——三八八条の要件をみたしていないから——で土地を評価しているから、法定地上権の成立を認めるわけにはいかないといっている。これには反対説もある。混同によって約定利用権が消滅することを根拠にしたり、社会経済上の必要性から認めたりするもので、私は、この反対説に同調できない。

なお、一番抵当権が建物につき設定されている場合も理論は同じであると考えてよい。ただ、これにあっては、賃借権では譲渡の問題を生ずる。判例が法定地上権の成立を認めるような言い方をするが(大判昭和一四年のものは、国家経済上の利益を前面に出して法定地上権の成立を認めた)、少なくとも最判昭和五三年のものは少し違う。登記上は、土地の所有者と建物の所有者が異なるが、実体的には土地も建物の所有者のものである場合で、調査すれば容易にわかったという事案で、法定地上権を認めたものである。

なお、本判決は、建物所有者は子であるから、土地利用権は使用貸借権であろうが、同じことである。

〔34〕 法定地上権——その六　土地と建物が共有に属し、同一人が双方に共有持分を有する場合

最判平成六年一二月二〇日・民集四八巻八号一四七〇頁

〔事　実〕 Aは、子Y_1が身体障害者であることから将来を案じて、所有の土地・建物を贈与するつもりであったが、贈与税のことを考えて、土地はY_1、B（Y_1の妻）、C（Y_1の夫婦の子）に贈与し（三名の共有）、建物はY_1の債権者の差押えをおそれてA名義の登記をしている。A死亡し、Y_1、Y_2を含む九人の子が相続（建物は九名の共有）。Y_1の債務を担保するため、Y_1、B、C三人の共有持分の上に抵当権が設定され、やがて実行されて、Xが買い受け、所有権者となった。Xは、Y_1ら建物の九人の共有者に対して建物収去・土地明渡しを訴求。原審は、Y_1、Y_2（両名だけ控訴）の法定地上権の主張を認めた。その理由は、土地の共有者の一人が他の共有者全員の同意のもとにその地上の建物を所有し、同人の土地持分および他の共有者全員の持分に抵当権が設定され、同時に競売された場合には、上記に述べた事情のもとでは法定地上権が成立する、というのである。X上告。

〔判　文〕　破棄自判「1　共有者は、各自、共有物について所有権と性質を同じくする独立の持分を有しているのであり、かつ、共有地全体に対する地上権は共有者全員の負担となるのであるから、土地所有者の一人だけについて民法三八八条本文により地上権を設定したものとみなすべき事由が生じたとしても、他の共有者らがその持分に基づく土地に対する使用収益権を事実上放棄し、右土地共有者の処分にゆだねていたことなどにより法定地上権の発生をあらかじめ容認していたとみることができるような特段の事情がある場合でない限り、共有土地について法定地上権は成立しないといわなければならない（最高裁昭和二六年(オ)第二八五号同二九年一二月二三日第一小法廷判決・民集八巻一二号二二三五頁、最高裁昭和四一年(オ)第二五九号同四四年一一月四日第三小法廷判決・民集二三巻一一号一九六八頁参照）。

2　……本件土地の共有者らは、共同して、本件土地の各持分についてY_1を債務者とする抵当権を設定しているのであり、Y_1以外の本件土地の共有者らはY_1の妻子であるというのであるから、同人らは、法定地上権の発生をあらかじめ容認していたとも考えられる。しかしながら、土地共有者間の人的関係のような事情は、登記簿の記載等によって客観的かつ明確に外部に公示されるものではなく、第三者にはうかがい知ることのできないものであるから、法定地上権の発生の有無が、他の土地共有者のみならず、右土地の競落人ら第三者の利害に影響するところが大きいことにかんがみれば、右のような事情の存否によって法定地上権の成否を決することは相当ではない。そうすると、本件の客観的事情としては土地共有者らが共同して本件土地の各持分について本件建物の九名の共有者のうちの一名であるY₁を債務者とする抵当権を設定しているという事実に尽きるが、このような事実のみからY₁以外の本件土地の共有者らが法定地上権の発生をあらかじめ容認していたとみることはできない。けだし、本件のように、九名の建物所有者のうちの一名にすぎない土地共有者の債務を担保するために他の土地共有者らがこれと共同して土地の各持分に抵当権を設定したという場合、なるほど他の土地共有者らは建物所有者らが当該土地を利用することを何らかの形で容認していたといえるとしても、その事実のみから右土地共有者らが法定地上権の発生を容認していたとみるならば、右建物のために許容していた土地利用権がにわかに地上権という強力な権利に転化することになり、ひいては右土地の売却価格が著しく低下させることとなるのであって、そのような結果は、自己の持分の価格を十分に維持、活用しようとする土地共有者らの通常の意思に沿わないとみるべきであるからである。また、右の結果は、第三者、すなわち土地共有者らの持分の有する価値について利害関係を有する一般債権者や後順位抵当権者、あるいは土地の競落人等の期待や予測に反し、ひいては執行手続の法的安定を損なうものであって、許されないといわなければならない。」

〔解　説〕　解説の必要のないくらい詳細に論じた判決である。例を簡単にすると、甲・乙（夫婦）共有の土地の上に甲・丙共有の建物があり、甲の債務につき、甲・乙共同してその持分につき抵当権を設定し、それが実行されて丁が競落した場合、法定地上権が成立するかという問題である。しかしこの場合、土地が甲の単独所有ならば、丙との間に約定利用権があるにしろ、判例は法定地上権の成立を肯定する（最判昭和四六年一二月二一日――次の〔35〕に述べる。甲の意思を推測すれば妥当である）。乙の使用収益権が放棄されたような状態が外部からわかれば法定地上権の成立を肯定してよいとこの判決はいう。しかし、本事案では、外部からはそれはわからないから認めるわけにいかないという。そして丙は約定利用権を有していると考えていいが、それが突如として強大な法定地上権になることは不公平だ。また、抵当権者は、かかる場合、法定地上権の成立を予測していないから、それを認めたのでは、抵当権者の利益を害することになるという。一応賛成しておく。

〔35〕 法定地上権――その七　建物が共有の場合

最判昭和四六年一二月二一日・民集二五巻九号一六一〇頁

〔事　実〕 A所有の土地の上にA、B、Cが共有する建物がある。Aはその土地にDのために抵当権を設定した。その後、建物はA、B、CからYに譲渡された。Dが抵当権を実行し、Xが競落。XからYに対し建物の収去と土地の明渡しを請求した。Yはこの建物につき法定地上権が成立すると主張する。原審は、Aは他人のために地上権（ないしは貸借権）を設定することができる立場にあり、Aが土地につき抵当権を設定した場合、この土地について法定地上権の負担をAが否定することはできないとした。それは、Aが単独で建物を所有している場合と異ならないという。そこで、X上告。

〔判　文〕 棄却「建物の共有者の一人がその建物の敷地たる土地を単独で所有する場合においては、同人は、自己のみならず他の建物共有者のためにも右土地の利用を認めているものというべきであるから、同人が右土地に抵当権を設定し、この抵当権の実行により、第三者が右土地を競落したときは、民法三八八条の趣旨により、抵当権設定当時に同人が土地および建物を単独で所有していた場合と同様、右土地に法定地上権が成立するものと解するのが相当である。」

〔解　説〕　Aの建物共有持分についていえば、土地の所有者はAであるのだから、三八八条の法定地上権成立の要件をみたしている。B、Cの建物共有持分については、Aの土地につき約定利用権があるはずである。使用借権か賃借権か地上権かであるが、おそらく、賃借権であると思われる。本件では、Yが、土地に抵当権が設定された後に、A、B、Cからこの建物を買いうけている。形式的には、B、Cの有している約定土地利用権が賃借権ならば、その無断譲渡が問題になり得るが、土地所有者のAが建物共有者の一人であるところから、承諾を擬制して差支えなく、問題はないであろう。また、Aの建物共有持分についての土地利用権は、Yへの譲渡の際、B、Cの有している約定土地利用権と一体となったと考えてよい。せいぜい賃料が少し増すことが考えられる程度である。

そうすると、抵当権の実行によって、Xの有する土地所有権とYの有する約定利用権との対抗の問題になる。それが賃借権ならば、かつての建物保護法（現行借地借家法一〇条一項）によってYは対抗し得るはずである。しかし、この賃借権は何れ更新の時期を迎える。その場合、更新の請求が必ず通るとは限らない。実行後、その期間を経過しないで、このような事態を迎えることも考えられる。また、賃借権でなくて使用借権ならば対抗できない。そこで、法定地上権の成立を認め、上記の約定土地利用権はそれに吸収されると考えたい。これを支える根拠の一つとして、Aの持分についていえば、抵当権設定時に、始めに述べたように、民法三八八条の要件をみたしていることをあげたい。

もちろん、これを認めず、約定利用権だけの存続だけでゆくべきだという考え方もあろうが、私はとらない。

他方、法定地上権の成立を認めても、抵当権者D（したがって競買人のX）に酷とはいえない。土地を抵当にとった時に、建物の存在を知っているはずであるから、しかもその建物の共有者の一人に土地所有者がいるのを知っていたのであろうから、法定地上権による負担を覚悟していたはずである。したがって、かかる結論をとることは不当とはいえない。

本判決は、B、Cについて約定土地利用権のあることを認めているが、それと、法定地上権とがどういうかかわりあいをもつのかさっぱりわからない。建物が共有であっても単独所有の場合と異ならないとして、忽然として法定地上権の成立を認める。その点、はなはだ遺憾な判決である。

ところで、現行借地借家法一五条はかかる場合に自己借地権の設定を認めた。したがって、Aは、A、B、C三人共有の建物につき賃借権の設定ができることになる。こうなればすっきりする。

〔36〕 法定地上権——その八 法定地上権の範囲

大判大正九年五月五日・民録二六輯一〇〇五頁

〔事 実〕 土地(敷地)と其の上の建物を所有するYが、土地のみにA銀行のために抵当権を設定した。A銀行が抵当権を実行した。その土地の競落人がXである。XはYに対して建物所在の箇所を除外してその他の部分について明渡しを請求した。原審はこの請求を容認したが、Yが上告して曰く、それでは法定地上権が有名無実になると。

〔判 文〕 破棄差戻「Yガ原審ニ於テ為シタル民法第三八八条ノ規定ニ基キ係争土地ニ付キ地上権ヲ取得シタルヲ以テ、Xノ本訴請求ニ応ズベキ義務ナシトノ抗弁ノ当否ニ付キ審究スルニ、凡ソ土地ト其上ニ存スル建物トガ同一ノ所有者ニ属スル場合ニ於テ其土地若《もし》クハ建物ノミヲ抵当権ノ目的トナシタルトキハ、競売ノ結果土地ト建物トハ其所有者ヲ異ニスルニ至リ、為メニ建物ノ所有者ハ土地所有者ノ請求ニヨリ建物ヲ収去セザルベカラザルコトトナルハ勢ヒ免ルベカラザル所ニシテ、斯ノ如キハ経済上非常ニ不利益ナル結果ヲ生ズルヤ明カナリ。是レ民法ガ

第三八八条前段ニ於テ『抵当権設定者ハ競売ノ場合ニ付キ地上権ヲ設定シタルモノト看做《みな》ス』ト規定シタル所以《ゆえん》ナリトス。由是観之《これによってこれをみれば》同条ハ畢竟《ひっきょう》建物ノ所有者ヲシテ其所有ヲ完《まった》カラシメンガ為メニ設ケタル規定ナルヲ以テ、建物ノ所有者ガ同条ニヨリ取得スル地上権ノ範囲ハ必ズシモ其建物ノ敷地ノミニ限定セラルルモノニアラズシテ、建物トシテ利用スルニ必要ナル限度ニ於テハ敷地以外ニモ及ブモノト解スルヲ相当トス。果シテ然ラバ、係争土地ニ付キ前示A銀行ガ抵当権ノ実行トシテ申立タル競売ノ結果Yガ建物ノ所有者トシテ該土地ニ取得シタル地上権ハ、其建物ノ敷地ノミナラズ之ガ利用ニ必要ナル範囲内ニ存スルモノナルヲ以テ、之ガ登記ノ存在スルニ於テハXニモ対抗スルコトヲ得ルモノト謂ハザルベカラズ。然ルニ原審ハ単ニXノ本訴請求ハY所有ノ建物所在ノ箇所ヲ除外シタルトノミ判示シ建物ノ利用ニ必要ナル範囲ヲモ除外シタルヤ審《つまびらか》ニセズ、且民法第三八八条ノ規定ハ建物ノ存在スル敷地ノミニ付キ地上権ヲ取得スルモノナリトノ見解ノ下ニ輙《たやす》クYノ抗弁ヲ排斥シ、Xノ請求ヲ許容シタルハ審理不尽若《も》クハ法則ヲ不当ニ適用シタル不法アルモノニシテ、本論旨ハ結局其理由アリ。」

〔解　説〕原審やこの判決文は、敷地を建物の所在するその部分（土地の一部）の意味に使っている。原審は、この部分にのみ法定地上権が成立するものとした。私は、何となく「法律家は悪しき隣人である」という言葉を思い出した。形式論理究まれりという感じである。建物をして利用させようというので法定地上権の制度を設けたのであるから、要は、建物の利用に必要なそして十分な範囲に及ぶのである。

それは、建物の種類、店舗なのか住宅なのか、建物のおかれている場所、たとえば広々とした郊外なのか、店舗が立ち並ぶ街中にあるのか、建物の所在地の周囲をどのように使ってきたのか、等々を客観的に考慮して判断すべきである。

原則として従来使用されてきた範囲がそのまま認められることが多かろう。もっとも、その使用されかたが合理的であることが前提だが。

たとえば、建物所在場所が一筆の土地であり、使用されてきた周辺の土地が別な土地である場合、使用されてきた周辺の土地にも及ぶ。逆に、広い土地の一隅に建物がある場合などは、この建物の必要にして十分な範囲に及ぶだけで、この広い土地全部に及ぶわけではない。すなわち、土地の筆分け、個数などに関係がない。

この法定地上権の存続期間は当事者の協議によって定まる。この場合に、借地借家法を全面的に適用すべきだということになれば、借地借家法三条、二二条ないし二四条の適用がある。協議で定まらない場合は、借地借家法の適用があるという立場に立てば、同法三条によって三〇年となる。これに反して借地借家法の適用すべきでないという立場に立てば、協議が定まらないときは、民法二六八条二項によって裁判所が二〇年から五〇年以内で定めることになる。協議でも二〇年を下ることはできないと解すべきであろう。

多くの学説や下級審のあるものは借地借家法を適用すべきことを説いている。私は、決しかねているが、どちらかというとこれには否定的である。

地代については、当事者の協議がととのえばそれによることになるが、協議が成立しないときは裁判所が定めるものとされている(民法三八八条但書)。裁判所が定める場合には、法定地上権が成立した時の事情を斟酌して決定する(大判大正一一年六月二八日・民集一巻三五九頁)。法定地上権成立後、判決時までに事情変更があったときは、事情変更のあった前と後とにわけて決定すべきである(大判昭和一六年五月一五日・民集二〇巻五九六頁)。この場合の事情変更の内容は、地代の増減請求を定めた一一条に拘束されることはないが、一応参考になろう。

〔37〕 短期賃貸借の保護（三九五条）——その一 期間の定めのない建物賃貸借

最判昭和四三年九月二七日・民集二二巻九号二〇七四頁

〔事 実〕 Aは、その所有の建物につきXのため抵当権を設定した。それから五年程して抵当権が実行され、X自ら競落した。その数ヵ月前、BはAから本件建物を期間の定めなく賃借して、その引渡しを受けた。その際、賃貸人の承諾なくして賃借権の譲渡または転貸をなしうる旨の特約があり、即日、Y_1は本件建物の一部をBから転借したが、それから数年たってY_2が右特約に基づいてBから賃借権の譲渡を受け、Y_1の転借を承諾した。他方、XはY_2に対し、自己使用を理由に賃貸借の解約の申入れをするとともに、Y_1、Y_2に対して建物の明渡を請求した。原審は、Xの請求を認めたので、Y_1、Y_2が上告した。

〔判 文〕 棄却「期間の定めのない建物賃貸借が民法三九五条の短期賃貸借に該当すること、そして抵当権の実行により建物を競落した者が賃貸借の解約の申入れをする場合には、短期賃貸借制度の趣旨は、借家法一条の二の正当事由の存在を認定する上において極めて有力な資料とすべきであることは、当裁判所の判例とするところである(当裁判所昭和三六年(オ)第二八号同三九年六月一九日第二小法廷判決・民集一八巻五号七九五頁)。(中略)

Y_2の賃借権およびこれに基づくY_1の転借権は、一般に、目的家屋の所有権をあらたに取得した第三者に対して、その賃借権または転借権を対抗しうべき関係にあるが、Xは本件家屋に対する抵当権者であり、また競落人としてその所有権を取得した者であるから、Y_2の賃借権は、冒頭説示するところにより、民法三九五条の短期賃貸借制度の趣旨に反しない限度においてのみ、これをXに対抗しうべく、本件賃貸借がその成立後、前記Xの解約申入れに至るまで、ほとんど七年に及ぶ長期間を経過したものであることを考慮すれば、他に特段の事情がない以上、Xの解約申入れは借家法一条の二にいう『正当ノ事由』を具備するものというべく、これによりY_2の賃借権は消滅し、Y_1の転借権も、また従って消滅したものといわなければならない。」

〔解　説〕　本来、抵当権者は、抵当権が設定された時に目的物を評価するから、後で抵当権が実行されると、競落人は、設定時の状態の所有権を取得するものとされている。したがって、設定後になされた賃貸借は覆滅するはずである。他方、抵当権は目的物を設定者の占有下において使用・収益させる制度である。その中には当然設定者による目的物の賃貸借が入る。それが抵当権の実行によって覆滅されるとしたのでは借手があらわれない。そこで、抵当権の実行によっても右の賃貸借は覆滅されないとすると、借手があらわれてくる。しかし、それをあまり強化すると抵当権者の利益が損なわれる。そのかねあいが難しいが、民法は三九五条で、六〇二条で定める短期賃貸借を越えない賃貸借は、それが登記をなされておれば、抵当権設定後に契約がなされたものでも抵当権者に対抗できるものとした。

問題は、本判決のような期間の定めのない賃貸借である。民法六一七条で、かかる賃貸借は何時でも解約の申入れをすることができるから、短期賃貸借にいれてよい。ところが、旧借家法一条ノ二は、これが認められるためには、自ら使用することを必要とする場合その他正当の事由ある場合に限られる旨を定めた(現行借地借家法二八条になる)。その結果、借家権が強いものとなり、三九五条の短期賃貸借にいれてよいかどうか大いに争われることになった。

この判決が示すように、判例は、ともかくいつでも解約の申入れをすることができるのだから短期賃貸借の中にいれ、解約の申入れが認められるための正当事由の認定にあたっては、三九五条の定められた趣旨を極めて有力な資料とすべきだというのである。

たくみな構成というべきである。注意すべきは、期間を定めた場合、たとえば建物の賃貸で三年と定めれば（六〇二条の定める最長期間）、三年の経過によって賃借権は消滅すると判例・通説は考えている――旧借家法の適用はない――が、期間の定めのない賃貸借は旧借家法を適用し、観念的には、賃借権が消滅しないこともあり得るということである。

ところで、賃貸借が何年継続すれば正当の事由にあたると認められるのか判然としない。これでは、抵当不動産の評価が困難ではないかといって非難する者が多い。たしかにそうである。本件では七年近く経過していた。おおよそのことをいえば、三年（前記六〇二条参照）くらいを基準とすべきではないだろうか。次の判例がそれを物語っている。

この短期賃貸借は、賃貸借契約がなされた時から計算すると判例・通説は考えている。

〔38〕 短期賃貸借の保護（三九五条）――その二 期間の定めのない建物・宅地賃貸借

最判昭和四五年六月一六日・判時六〇〇号八四頁

〔事　実〕 A銀行は、Bの所有であった本件土地・建物につき根抵当権の設定を受け、昭和三七年五月九日その旨の登記をした。Xは、昭和四二年三月三一日右抵当権の実行によりこれを競落し、同年四月二六日所有権移転登記をおえた。これより先、Yは、昭和四一年一月一〇日右Bから本件土地・建物を期間の定めなく賃借し、同年三月二二日本件賃借権設定登記を経た。XはYに対し、賃借権設定登記の抹消を請求した。Yは三九五条による短期賃貸借の保護を主張した。原審は、民法三九五条の適用を認めつつ、結果的にはYの賃借権は消滅したものとしてXの請求を認めた。Yが上告。

〔判　文〕 棄却「本件建物の賃貸借は期間の定めのない賃貸借であるから、民法六〇二条の定める短期賃貸借と解すべきものであり（最高裁昭和三六年(オ)第二八号同三九年六月一九日第二小法廷判決民集一八巻五号七九五頁）、Yが民法三九五条の規定により右賃借権をもってXに対抗することができるとした原審の判断は正当として首肯《しゅこう》することができる。論旨は、Yが借家法一条の規定によっても右賃借権をもってXに対抗できるというのであるが、右賃借権のXに対する対抗力が登記に基づくものであると借家法一条に基づくものであるとによってその効果を異にするものではないのであるから、原審が論旨のいう対抗力の存否につき判断することがなくても、原判決（その引用する第一審判決を含む。以下同じ。）の結論に何らの影響を及ぼすものではなく、論旨は理由がない。

もっとも、原審の認定した事実によれば、本件土地の賃貸借は建物所有を目的とする、賃貸借と推認できるところ、期間の定めのないこの種の賃貸借の存続期間は借地法二条一項、三条の定めるところにより三〇年であるから、本件土地の賃貸借をもって民法六〇二条に定める短期賃貸借とすることはできず、Yは民法三九五条により右賃貸借をもってXに対抗することができないものといわなければならない（最高裁昭和三五年(オ)第三三六号同三八年二月二六日第三小法廷判決・裁判集民事六四号六六三頁参照）。これと見解を異にし本件土地の賃貸借が借地法二条一項の適用を受けないとする原審の判断は、違法というべきであるが、原審は、YがXに対し本件土地の賃貸借設定登記の抹消登記手続をする義務があるとし、本件土地に関する本訴請求を認容すべきものとしているのであるから、右の違法は原判決の結論に影響を及ぼさないものというべきである。

論旨は、Xの所論の解約申入が借家法一条ノ二に定める正当の事由を欠く旨主張するが、抵当権の実行により建物を競落した者が賃貸借の解約申入をする場合においては、短期賃貸借制度の趣旨が同条にいう正当の事由の存在を認定する上において極めて有力な資料となることは、当裁判所の判例とするところであり（前記最高裁昭和三九年六月一九日判決）、原審の確定した事実および右賃貸借が成立した昭和四一年一月一〇日から原審の弁論終結時であること記録上明らかな昭和四四年九月二九日まで三年八月余の期間が経過していることを考慮するときは、右解約申入につき同条所定の正当の事由が存するとした原審の判断は正当として首肯することができる。」

〔解　説〕　前判決〔37〕で述べたように、期間の定めのない建物の賃貸借は三九五条の短期賃貸借にあたる。この点の説明は〔37〕に譲るが、そこで賃借権の登記が必要なことを述べた。これは対抗要件を必要とするという意味だから、旧借家法一条（借地借家法三一条一項）が、建物の賃貸借では引渡しをもって対抗要件としているのであるから、これで足りると本判決はいっている。なお、正当の事由として三九五条の趣旨を有力な資料として考えるべきだと前判決〔37〕はいうが、そこで述べたように本判決は三年八ヵ月の期間の経過をもって正当の事由ありとした。

問題は、建物の所有を目的とする土地の賃貸借である。本判決は、期間の定めのない借地権は、旧借地法二条一項（現行借地借家法三条）は三〇年としているのだから、短期賃貸借といえず三九五条適用の余地はないといっている。学説にはこれに反対する者が多い。

まず、期間の定めのない土地賃貸借を建物の場合と同じように考えるものである。いつでも解約の申入れをすることができるからだとする。借地法を適用し、解約を認めるかどうかを正当の事由にかからせるが、五年の経過を一応の基準とすることになろう。

さらに、六〇二条で定める五年という短期賃貸借の期間を超える期間が定められた場合、判例は、全く抵当権に対抗し得ないという（最判昭和三六年六月二三日・民集一五巻六号一六八〇頁）。しかし、学説は反対する。五年間だけは対抗し得るとしている（高木・担保物権法一七六頁等）。

私もこの学説に賛成である。

〔39〕 **短期賃貸借の保護（三九五条）――その三 建物保護法（借地借家法一〇条一項）による登記**

大判昭和六年七月二一日・民集一〇巻五八五頁

〔事 実〕 Aの所有地についての抵当権者Xが、抵当権を実行して自ら競落人となった。ところが、この土地にはYがAからAの前記抵当権設定後に五年の期間で土地を借り、建物を建てていて、その建物の登記がなされていた。

Xは Yに対して、右建物の収去と建物の登記の抹消を求めた。Yは短期賃貸借をもって抗弁したが、原審は、Yの賃借権はXに対抗しえないとして、Xの請求を求めた。Yは、三九五条の賃借権の登記は、対抗要件を備えているという意味だから、建物保護法による建物の登記――対抗力を与える――で足りるとして上告。

〔判 文〕 棄却「民法第三九五条ニ依レバ、同法第六〇二条ニ定メタル期間ヲ超エザル賃貸借ハ登記アル場合ニ限リ、其ノ登記ガ抵当権設定登記後ニ係ルトキト雖《いえども》抵当権者ニ対抗シ得ベキモノニシテ、又明治四二年法律第四〇号建物保護法第一条第一項ニハ建物ノ所有ヲ目的トスル地上権又ハ土地ノ賃借ニ因リ地上権者又ハ土地ノ賃借人ガ其ノ土地ノ上ニ登記シタル建物ヲ有スルトキハ、地上権又ハ土地ノ賃貸借ハ其ノ登記ナキモ之ヲ以テ第三者ニ対抗シ得ル旨規定シアルモ、其ノ所以《いわゆる》第三者中ニハ建物ノ登記前其ノ土地ニ付登記シタル抵当権ヲ有スル者ヲ包含スルモノト解シ難キヲ以テ、是等法条ニ依リテハ建物ノ所有ヲ目的トスル土地ノ賃貸借ニ因リ土地ノ賃借人ガ其ノ土地ノ上ニ登記シタル建物ヲ有スルモ、其ノ登記前登記シタル抵当権ヲ有スル者ニ対シテハ賃貸借ノ登記ナキ限、縦令《たとい》其ノ期間ガ民法第六〇二条ニ定メタル期間ヲ超エザルトキト雖《いえども》之ガ対抗ヲ為シ得ザルモノト謂フベク、従テ其ノ賃貸借ハ抵当権ノ実行ニ因リ其ノ土地ノ所有権ヲ取得シタル者ニモ対抗シ得ザルコト自明ノ理ナリ。」

〔解　説〕　本判決がいっているように、民法三九五条で、短期賃貸借が保護されるための要件として、その賃貸借が登記を備えることを要件としている。第三者に公示しようというわけであろう。この登記はいつまでになされないといけないか。判例は、抵当権実行による差押えの効力発生時までになされないといけないとしている（大判大正二年一月二四日・民録一九輯一一頁）。通説でもある。

問題なのは、他の方法による対抗要件である。賃貸借の登記というのは、対抗要件を具備した場合という意だとして、特別法で認める別途な方法による対抗要件で可とすべきだというのが学説としては通説といってよい。土地の賃貸借についていえば、建物保護法（現行借地借家法一〇条一項――建物の所有を目的とする借地についてである）による建物の登記であり、建物賃貸借では引渡しである（借家法一条一項、現行借地借家法三一条一項）。

ところが、本判決は、建物保護法による建物の登記ではだめだというのである。理由はよくわからないが、ただ、建物保護法は第三者に対抗することができるといっているが、建物の登記の前に設定されている抵当権者はこの第三者に入らないとしている。賃貸借そのものを公示しないといけないとでも考えたものであろうか。

これから五年程して、大審院は、建物についての短期賃貸借の事案で、建物の引渡しをもって借家法の対抗要件を備えたからいって、三九五条の要件を備えたものとしている（大判昭和一二年七月九日・民集一六巻一一六二頁など）。

おそらく、実質的には判例は変更されたものであろう。ともかく、この判決は妥当ではない。

ところで、本件は、建物所有のために五年という短期賃貸借を定めたものである。旧借地法によれば、その一一条で五年と定めた場合は、期間を定めなかったとして三〇年になるはずである。その点を問題にしていない。あるいは、五年なら三九五条を適用するというのだろうか。その点を問題にしなかったのはなぜかよくわからない。

〔40〕 短期賃貸借の保護（三九五条）——その四　短期賃貸借の終了と買取請求権

最判昭和五三年六月一五日・民集三二巻四号七二九頁

〔事　実〕　Aが根抵当権を有する土地の上に、Bが建物（倉庫・事務所兼居宅）を建築し（この土地は根抵当権設定時の頃から相ついで譲渡され、前記建物が建築されたときは、Bが土地所有者であった）、これを譲り受けたYが、Bとの間で期間三年の土地賃貸借契約を締結した。Aの抵当権実行により土地を競落したXが、Yに対して、Yの賃貸借は三年の期間の経過によって消滅したと主張して明渡しを求めた。それに対し、Yは、借地法四条二項（借地借家法一四条一項）による建物買取を請求した。原審はこれを認めて、代金の支払と引換えに明け渡すようにYを命じた。Xは、かかる場合には、建物買取請求権がないと主張して上告。

〔判　文〕　破棄自判「民法三九五条により抵当権者に対抗することができる土地の短期賃貸借の期間が抵当権実行による差押の効力を生じたのちに満了した場合には、賃借人は、借地法四条又は六条による期間の更新をもって抵当権者に対抗することができないとともに（最高裁昭和三七年(オ)第二二二号同三八年八月二七日第三小法廷判決・民集一七巻六号八七一頁参照）、競落人に対し同法四条二項による地上建物等の買取請求をすることもまたできないと解するのが相当である。蓋し、抵当権者が更地を目的として抵当権の設定を受けた場合に、後日同地上に建築された地上建物につき土地の短期賃借権者が同条項による買取請求権を行使することができるとすると、地上に建物が建築されたことにより土地の競落価格は低下を免れないが、抵当権設定に際して目的土地の上にどのような建物が建築されるかをあらかじめ想定することはことがらの性質上困難であるため、抵当権者は抵当権設定に際し目的土地の担保価値を適正に評価することができなくなり、ひいては取引の円滑な運用が阻害されることにもなること、さらに、競落価格の低下によって抵当債権の完全な満足が得られなくなるような場合に、抵当権者に認められている民法三九五条但書による短期賃貸借の解除請求は、その訴訟による実現が必ずしも容易ではなく、実際上の機能を果たしているとはいいきれないことを考えあわせると、短期賃貸借権者の権利の保護は、同条本文によって認められた期間内における土地の利用をもって限度とし、それを超えて借地法四条二項による地上建物の買取請求権の行使にまで及ぼさないことが、抵当権と目的土地の利用権との適正な調和をはかることを目的とした民法三九五条の趣旨に合致するものと考えられるからである。」

〔解　説〕　この判決は何といってもおかしい。建物の所有を目的とする賃借権は、借地法九条、二条（現行借地借家法三条）によって木造建築なら三〇年になるはずである。〔38〕でとりあげた判例（最判昭和四五年六月一六日・判時六〇〇号八四頁）は、借地には適用がないといっている。学説に反対の者が多いこともそこで述べた。ところが、この点が全く議論されていない。我妻編・民法基本判例集［第六版］〔五〇〕もそのことを指摘している。本判決も、その解説（最高裁判所民事判例解説〔20〕事件・東条敬）も、はっきりといっていないが、宅地の賃貸借も五年間は三九五条で保護されるとしているように思われる。

そのうえで、更新を認めないことを当然としたうえで、判決が述べている条文が定める建物買取請求を認めない。その根拠を、抵当権者にとって、あらかじめどのような建物が建築されるか予測できず、それは、宅地の適正な評価が困難であることを意味し、取引の円滑な運用が阻害される。かりに、それが抵当権者を害するものとして三九五条但書が定める短期賃貸借の解除請求ができるとしても、実際の訴訟でそれを実現することが困難であり、実際上の機能を果たしているとはいいきれない、としている。

要は、抵当権者と設定者の利用の調整をはかった三九五条としては、本判決が示したところが適切であるというわけである。

この結論はそれでいい。しかし、実際には、五年でいいという借地契約があらわれるだろうか。あらわれても、そのまま居据って、ごたごたを起こすのが一般ではないだろうか。このような場合、競落人の速やかな救済をどうしたらはかれるかについて再考すべきものである。

〔41〕 短期賃貸借の保護（三九五条）――その五　抵当権に損害を及ぼす短期賃貸借

最判昭和三四年一二月二五日・民集一三巻一三号一六五九頁

〔事　実〕　A会社の代表者Y_1は、A会社がX金融公庫から借りた借受金（七九〇万円）を担保するため、自己の所有する数個の不動産の上に抵当権を設定し登記をすませた。Y_1は上記の不動産のうち熱海に所在する本件不動産を賃料五〇〇万円の前払、二年一〇ヵ月の期間でY_2に賃貸し、東京の東大久保に所在する他の不動産をBに賃貸し、賃貸借の登記をした。Xは、「抵当権者ニ損害ヲ及ボス」ものであるとして$Y_1$$Y_2$間の賃貸借契約の解除を求めた。原審が、鑑定価格を根拠としてXの請求を認めた。$Y_1$$Y_2$は残り期間七ヵ月余の賃借権のために土地の価格がさほど下がることはないし、また抵当権を設定してある他の土地をも考慮にいれて決すべきであるとして上告。

〔判　文〕　棄却「原審が本件不動産の賃貸借ある場合の時価を金二〇二万九八〇〇円と算出した根拠は賃借権の負担のない場合の時価を金六一九万〇二五〇円とする鑑定の価格にあったこ

とが明らかであり、一方原審確定の事実によれば原審口頭弁論終結当時における本件抵当権の被担保債権の元利金総額は少くとも一〇八八万円を超える計算である。かかる事実関係の下においては、本件賃料前払の賃貸借の存在により抵当権に損害を生じるとした原審の判断は、その存在によって下落したとされる価額の数字にかかわりなく、これを肯定し得るものとすべきである。

……

所論東大久保の不動産の価格（第一審判決認定額の証拠となった甲第三号証によれば賃借権付の土地価格は二五九万一六一九円、賃借権なき場合の建物価格は一三〇万〇五〇〇円、計三八九万二一一九円となる。なお土地に対する五年間の賃貸借登記は抵当権者に対抗出来るから、ここでは土地につき賃借権ある場合の価格を計上するを相当とする。）を第二点（前段で述べたところ—筆者）で説明した本件不動産の価格に合算するも同所で示した被担保債権の元利金額に達しないことは算数上明らかであるから、所論は結局本件賃借権の存在により本件抵当権に損害を生じるとした原審の判断に影響しない。」

〔解　説〕　民法三九五条但書は、抵当権に対抗しうる短期賃貸借が抵当権者に損害を及ぼすときは、裁判所は抵当権者の請求によってその解除を命ずることができると定めている。損害を及ぼすと認められるためには二つの要件が必要だといわれている。①短期賃貸借による売却（競売）代価の下落により債権の完済を得られないこと、②賃料の不当低廉・賃料前払のごとく、通常の短期賃貸借とは異なり、特に売却代価を押し下げる要因が存すること、である（高木・担保物権法〔新版〕一七九頁）。短期賃貸借の存在は、通常売却代価を下落させるものであるから、それが通常のものであれば、抵当権者はそれを予想して抵当権を取得するのだから、②の要件が必要だとされるのである。

本判決は、この②の要件をみたしているとして解除を認めている。しかし、②が必ず必要かどうかまでは踏みこんでいない。

この場合、賃貸人（抵当権設定者）・賃借人の抵当権者に損害を及ぼすことについての認識を要するかどうかについては、要しないとするのが判例だが（大判大正七年二月二八日・民録二四輯三二〇頁）、多くの場合、②の要件のところで、認識があるだろうし、害意すらあるのではなかろうか。

この判断の基準時は、解除判決の口頭弁論終結時であるとする（大判昭和一六年六月一四日・民集二〇巻八七三頁）。

〔42〕 短期賃貸借の保護（三九五条）――その六　解除された短期賃貸借と明渡請求

最判平成三年三月二二日・民集四五巻三号二六八頁

〔事　実〕　AのBに対する二五七〇万円の債権を担保するためにB所有の土地建物に抵当権が設定された。Bはその土地建物をC、Dに賃貸し（期間三年）、その仮登記を経た。C、Dはさらにこの土地建物を期間を三年としてY_1に転貸し付記登記を経た。ついでY_1はこれらを同じく期間三年としてY_2に転貸し付記登記を経て、Y_2が占有している。XはBの債務を代位弁済し、抵当権を取得して、B、C、D、Y_1、Y_2を共同被告として民法三九五条但書に基づいて短期賃貸借の解除、C、D、Y_1、Y_2に対して解除を命ずる判決の確定を条件とする登記抹消、Y_2に対して抵当権に基づく妨害排除として建物明渡しを請求した。第一審は、本件短期賃貸借が目的土地建物の鑑定評価額一〇二七万円が賃貸借の付着により八二〇万円に下落することを理由にその解除を命ずるとともに、Xの請求をすべて認めた。Y_1、Y_2は控訴したが、XはBに対する債権保全のためのBのY_1、Y_2に対する明渡請求権の代位行使の主張を付け加えた。控訴審は、

Xの代位請求の主張を認め、Y_2に明渡しを命じた。Y_1、Y_2が上告（我妻編・民法基本判例集〔第6版〕二〇四頁による)。

〔判　文〕　一部破棄自判・一部却下「1　抵当権は、設定者が占有を移さないで債権の担保に供した不動産につき、他の債権者に優先して自己の債権の弁済を受ける担保権であって、抵当不動産を占有する権原を包含するものではなく、抵当不動産の占有はその所有者にゆだねられているのである。そしてその所有者が自ら占有し又は第三者に賃貸するなどして抵当不動産を占有している場合のみならず、第三者が何ら権原なくして抵当不動産を占有している場合においても、抵当権者は、抵当不動産の占有関係について干渉し得る余地はないのであって、第三者が抵当不動産を権原によって占有し又は不法に占有しているというだけでは、抵当権が侵害されるわけではない。

2　いわゆる短期賃貸借が抵当権者に損害を及ぼすものとして民法三九五条ただし書の規定により解除された場合も、右と同様に解すべきものであって、抵当権者は、短期賃貸借ないしこれを基礎とする転貸借に基づき抵当不動産を占有する賃借人ないし転借人（以下「賃借人等」という。）に対し、当該不動産の明渡しを求め得るものではないと解するのが相当である。けだし、民法三九五条ただし書による短期賃貸借の解除は、その短期賃貸借の内容（賃料の額又は前払の有無、敷金又は保証金の有無、その額等）により、これを抵当権者に対抗し得るものとすれば、抵当権者に損害を及ぼすこととなる場合に認められるのであって、短期賃貸借に基づく抵当不動産の占有それ自体が抵当不動産の担保価値を減少させ、抵当権者に損害を及ぼすものとして認められているのではなく（もし、そうだとすれば、そもそも短期賃貸借すべてが解除し得るものとなり、短期賃貸借の制度そのものを否定することとなる。）、短期賃貸借の解除の効力は、解除判決によって、以後、賃借人等の抵当不動産の占有権原を抵当権者に対する関係のみならず、設定者に対する関係においても消滅させるものであるが、同条ただし書の趣旨は、右にとどまり、更に進んで、抵当不動産の占有関係について干渉する権原を有しない抵当権者に対し、賃借人等の占有を排除し得る権原を付与するものではないからである。そのことは、抵当権者に対抗し得ない、民法六〇二条に定められた期間を超える賃貸借（抵当権者の解除権が認められなくても、当然抵当権者に対抗し得ず、抵当権の実行により消滅する賃借権）に基づき抵当不動産を占有する賃借人等又は不法占有者に対し、抵当権者にその占有を排除し得る権原が付与されなくても、その抵当権の実行の場合の抵当不動産の買受人が、民事執行法八三条（一八八条により準用される場合を含む。）による引渡命令又は訴えによる判決に基づき、その占有を排除することができることによって、結局抵当不動産の担保価値の保存、したがって抵当権者の保護が図られているものと観念されていることと対比しても、見やすいところである。以上、要するに、民法三九五条ただし書の規定は、本来抵当権者に対抗し得る短期賃貸借で抵当権者に損害を及ぼすものを解除することによって抵当権者に対抗し得ない賃貸借ないしは不法占有と同様の占有権原のないものとすることに尽きるのであって、それ以上に、抵当権者に賃借人等の占有を排除する権原を付与するものではなく(もし、抵当権者に短期賃貸借の解除により占有排除の権原が認められるのであれば、均衡上抵当権者に本来対抗し得ない賃貸借又は不法占有の場合にも同様の権原が認められても然るべきであるが、その認め得ないことはいうまでもない。)、前記の引渡命令又は訴えによる判決に基づく占有の排除を可能ならしめるものにとどまるのである。

3　したがって、抵当権者は、短期賃貸借が解除された後、賃借人等が抵当不動産の占有を継続していても、抵当権に基づく妨害排除請求として、その占有の排除を求め得るものでないことはもちろん、賃借人等の占有それ自体が抵当不動産の担保価値を減少させるものでない以上、抵当権者が、これによって担保価値が減少するものとしてその被担保債権を保全するため、債務者たる所有者の所有権に基づく返還請求権を代位行使して、その明渡しを求めることも、その前提を欠くのであって、これを是認することができない。」

〔解　説〕　長文ではあるが判例の考え方がるる述べられているのでかかげることにした。抵当権は占有を伴なう権利でないから妨害排除請求はできないとし、その根拠として、①第三者が不法に占有しているというだけでは抵当権が侵害されるわけではない。②不法に占有されている場合に、抵当権者にその占有を排除しうる権限が付与されてなくても、引渡命令（民執八三条、一八八条）または訴えによる判決に基づき、その占有を排除することができ、担保不動産の担保価値を侵害するものではない、としている。

しかし、これは観念論的に過ぎるという批判もある（高木・担保物権法一四八頁）。たとえば、抵当土地に短期賃借人により建物が築造されたときは、引渡命令では地上建物収去の執行はできない。明らかに抵当土地の更地としての価値は下落するというわけである。

そこで、このような短期賃貸借を詐害行為取消で取り消し、原状回復を図ることを検討すべきであるという者もいる。

〔43〕 短期賃貸借の保護（三九五条）——その七 抵当権者による賃貸借（併用賃借権）

最判平成元年六月五日・民集四三巻六号三五五頁

〔事　実〕　事実関係はこみいっているので簡略に述べると——。XはY_1に対する債権につき、昭和五三年、五四年とY_1所有の本件土地、本件建物の上に根抵当権を取得した（共同担保になる）。そして、昭和五四年一一月一九日、本件土地、建物につき、Y_1の負担する債務の不履行があったときは賃借権を設定できる旨の賃借権設定予約契約を締結し、その予約上の権利を保全するため昭和五六年八月一一日その仮登記を経由した。ところが、本件土地、建物には、Y_1に対する債権者Y_2が昭和五七年三月一二日に賃貸借がなされその仮登記が経由されており、そこにY_2が居住している。XはY_1に対し、昭和五九年三月、前記賃借権設定予約契約に基づいて予約完結の意思表示をしたうえ、上記仮登記の本登記手続を求める訴えを提起し、認容判決を得て、昭和六一年五月二六日、右仮登記の本登記手続（併用賃借権とよぶ）を了した。

Xは、Y_1らに対し、民法三九五条但書に基づき賃貸借契約の解除を求めるとともに、右解除を命ずることを条件として、Y_2に対し、本件根抵当権、賃借権に基づき、かつY_1のY_2に対する本件土地、建物の返還請求権を代位行使してY_2に明け渡すことを求めた。原審は、併用賃借権は詐害的賃借権の横行を防ぐことが目的であるから、その目的の範囲内では有効であるとして、Xの請求を認めた。

〔判　文〕　破棄自判「抵当権と併用された賃借権設定予約契約とその仮登記は、抵当不動産の用益を目的とする真正な賃借権ということはできず、単に賃借権の仮登記という外形を具備することにより第三者の短期賃借権の出現を事実上防止しようとの意図のもとになされたものにすぎないというべきである（最高裁昭和五一年(オ)第一〇二八号同五二年二月一七日第一小法廷判決・民集三一巻一号六七頁参照）から、その予約完結権を行使して賃借権の本登記を経由しても、賃借権としての実体を有するものでない以上、対抗要件を具備した後順位の短期賃借権を排除する効力を認める余地はないものというべきである。

　したがって、以上と異なり、対抗要件を具備した第三者の後順位短期賃借権を排除する目的の限度で本登記をした併用賃借権の効力を認める原審の判断は、法令の解釈、適用を誤った違法があるものといわざるを得ず、右違法が判決の結論に影響を及ぼすことは明らかであるから、この違法をいう論旨は理由があり、原判決中、原審におけるY_1（ら）の予備的請求を認容した部分は破棄を免れない。」

〔解　説〕　かつて、金を貸すことを業とする者が、金を貸すにあたって借主側の不動産を担保にとるときの態様として三種の神器とよばれるやりかたがあった。抵当権の設定、代物弁済の予約（仮登記）、賃貸借の予約（仮登記）の三つである。最後のものは、本判決が問題にしたもので、抵当権者に対抗できる三九五条の短期賃貸借の出現を防ぐ——それによって担保価値の下がるのを防ぐ——目的で、抵当権者自らが賃貸借を締結するものである（多くは予約をなし仮登記をする）。

この併用賃借権について、本判決も言及している最高裁の昭和五二年の判決（昭和五二年二月一七日・民集三一巻二号六七頁）は、この種の賃借権は特段の事情のない限り、抵当権を擁護するためのもので、後順位短期賃貸借が出現しないままに売却された場合は、この併用賃借はその目的を失って消滅し、買受人はその抹消を請求しうるとした。

しかし、この判決は、後順位の短期賃貸借が出現した場合に、これを排除しうるかどうかまで言及しているのであろうか。これを容認したと解釈するものが多かった。二重に賃貸借が成されている場合であるから、対抗要件を先に備えたものを優先させるという考え方に立つのであろう。

しかし、これには批判があった。先順位の併用賃借権は実体のないものではないかというものである。そうでなければ、三九五条——それについては非難の多い規定だとしても——の趣旨が没却されるからである。

こうした問題に、本判決はピリオドをうつようにしてなされた。すなわち、賃借権としての実体を有するものでない以上、対抗要件を具備した後順位の短期賃借権を排除するものではない、としたのである。

〔44〕 共同抵当——その一　後順位抵当権の代位権者の代位権と物上保証人の代位権

最判昭和六〇年五月二三日・民集三九巻四号九四〇頁

〔事　実〕　X銀行は、Aに対する債権の担保として、A所有の甲不動産とB（物上保証人）所有の乙不動産の上に第一順位の共同根抵当権を取得した。さらに、甲不動産には、Xのための第二、第三順位の根抵当権が設定された。乙不動産には、Yのための第二順位の抵当権、Xのための第三、第四順位の根抵当権が設定された。B所有の乙不動産が競売され、Xは第一順位の根抵当権により一部弁済を受けた。ついで、甲不動産が競売され、その競売代金の配当が問題となった。執行裁判所が、Yの乙不動産上の第二順位の抵当権がXの甲不動産上の第二、第三順位の根抵当権に優先するものとして配当表を作成した。これに対して、Xが配当異議の訴えをおこした。原審はこれを認めない。Xは、物上保証人Bが代位により取得する権利は、X・A間の取引が継続している限りXの同意がなければ行使しないことをBが約定していることなどを理由として上告した（我妻編・民法基本判例集〔第六版〕〔五三〕参照）。

〔判　文〕　棄却「共同根抵当の目的である債務者所有の不動産と物上保証人所有の不動産にそれぞれ債権者を異にする後順位抵当権が設定されている場合において、物上保証人所有の不動産について先に競売がされ、その競落代金の交付により一番抵当権者が弁済を受けたときは、物上保証人は債務者に対して求償権を取得するとともに、代位により債務者所有の不動産に対する一番抵当権を取得するが、物上保証人所有の不動産についての後順位抵当権者（以下「後順位抵当権者」という。）は物上保証人に移転した右抵当権から債務者所有の不動産についての後順位抵当権者に優先して弁済を受けることができるものと解するのが相当である（最高裁昭和五〇年(オ)第一九六号昭和五三年七月四日第三小法廷判決民集三二巻五号七八五頁参照）。右の場合において、債務者所有の不動産と物上保証人所有の不動産について共同根抵当権を有する債権者が物上保証人と根抵当権設定契約を締結するにあたり、物上保証人が弁済等によって取得する権利は、債権者と債務者との取引が継続している限り債権者の同意がなければ行使しない旨の特約をしても、かかる特約は、後順位抵当権者が物上保証人の取得した抵当権から優先弁済を受ける権利を左右するものではないといわなければならない。けだし、後順位抵当権者が物上保証人の取得した一番抵当権から優先して弁済を受けることができるのは、債権者が物上保証人所有の不動産に対する抵当権を実行して当該債権の弁済を受けたことにより、物上保証人が当然に債権者に代位し、それに伴い、後順位抵当権者が物上保証人の取得した一番抵当権にあたかも物上代位するようにこれを行使しうることによるものであるが、右特約は、物上保証人が弁済等をしたときに債権者の意思に反して独自に抵当権等の実行をすることを禁止するにとどまり、すでに債権者の申立によって競売手続が行われている場合において後順位抵当権者の右にような権利を消滅させる効力を有するものとは解されないからである。以上と同旨の原審の判断は、正当として是認することができ、原判決に所論の違法はない。論旨は採用することができない。

……

債権者が物上保証人の設定にかかる抵当権の実行によって債権の一部の満足を得た場合、物上保証人は、民法五〇二条一項の規定により、債権者と共に債権者の有する抵当権を行使することができるが、この抵当権が実行されたときには、その代金の配当については債権者に優先されると解するのが相当である。けだし、弁済による代位は代位弁済者が債務者に対して取得する求償権を確保するための制度であり、そのために債権者が不利益を被ることを予定するものではなく、この担保権が実行された場合における競落代金の配当について債権者の利益を害するいわれはないからである。（この点についての原審の判断は誤りがあるが、配当額には変りがないとした)。」

〔解　説〕

大変難しい問題なので簡素化した図で説明しよう（数字などは高木・担保物権法二三〇頁以下による)。

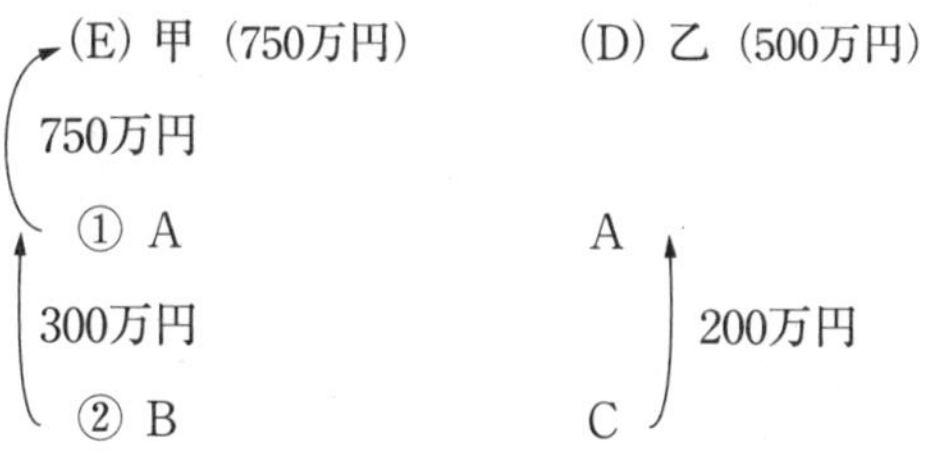

Eに対する債権者A（債権額七五〇万円）はE所有の甲不動産（価格七五〇万円）とD（物上保証人）所有の乙不動産（価格五〇〇万円）の上に一番抵当権を有している（共同抵当）。BはEに対する債権額三〇〇万円につき甲不動産の上に二番抵当権を有し、CはDに対する二〇〇万円の債権者で乙不動産の上に二番抵当権を有している、としよう。

もし、乙不動産もE所有で、Aが甲・乙両不動産につき抵当権を実行したとすると、甲から四五〇万円、乙から三〇〇万円の配当をうける。もし、この場合、甲についてのみ抵当権を実行すると、Bは乙不動産につき同時に実行した場合にAが弁済をうける三〇〇万円につきAに代位する(民三九二条)。ところで、乙不動産がD所有で、それについてAの抵当権が実行されると、前述のBの代位はおこらず、Dは五〇〇万円のEに対する求償権につきAの債権の五〇〇万円につき代位するという（判文中の昭和五三年判決――民五〇〇条。したがって異時配当を認めるのは共同抵当の目的物が同一所有者に属している場合であることになる）。そして、この判例は、Cを保護する必要から、物上保証人Dが代位した一番抵当権はCの二〇〇万円の被担保債権を担保するものとなり、物上代位するのと同様に、この一番抵当権からCが優先弁済を受けることになる。このことは、A・E間で取引が継続されている限りAの同意がなければDの取得する権利は行使し得ないと特約をしても、変りはないとしたものである。その結果、Aは甲から二五〇万円、乙から五〇〇万円の弁済を受け、Dは甲から三〇〇万円、Cは甲から二〇〇万円の弁済を受けることになるが、Bは何らの弁済も受けられないことになる。

なお、Aは二五〇万円の債権につき、Dの五〇〇万円の債権とともに抵当権を共有（準共有）することになるが、この抵当権の実行についてはまずAの債権が優先されるといっている。

〔45〕 共同抵当――その二 共同抵当不動産が同一の物上保証人に属する場合

最判平成四年一一月六日・民集四六巻八号二六二五頁

〔事 実〕 Y銀行は、Aに対する債権の担保のためにB所有の複数の不動産の上に共同根抵当権を取得した（簡易にするため、甲、乙不動産とする）。Xは甲不動産につき第二順位の根抵当権を有していたが、Aから経営が思わしくないので甲を処分したいのでXの抵当権を解除してほしいと頼まれ、これに応じて乙不動産につき抵当権を取得した。その後、Aが倒産し、BからY銀行に対し代位弁済の申し出があり、Y銀行はそれと引き換えに甲に対する抵当権を放棄した。その後、Y銀行はAに対する残債権を回収するため乙に対する抵当権を実行し、その売却代金から配当を受け、Xは、Y銀行による甲不動産の抵当権の放棄によりXが代位できなくなった額につき、不当利得または不法行為を理由として支払を請求した。第一審は、三九二条後段の代位は、共同抵当物件の全部が債務者の所有に属する場合にのみ適用があるとしてXの請求を認めず、第二審は、全部が同一の物上保証人に属する場合にも適用があるとして、Xを勝訴させた。Y銀行上告。

〔判　文〕　棄却「共同抵当権の目的たる甲・乙不動産が同一の物上保証人の所有に属し、甲不動産に後順位の抵当権が設定されている場合において、甲不動産の代価のみを配当するときは、後順位抵当権者は、民法三九二条二項後段の規定に基づき、先順位の共同抵当権者が同条第一項の規定に従い乙不動産から弁済を受けることができた金額に満つるまで、先順位の共同抵当権者に代位して乙不動産に対する抵当権を行使することができると解するのが相当である。けだし、後順位抵当権者は、先順位の共同抵当権の負担を甲・乙不動産の価額に準じて配分すれば甲不動産の担保価値に余剰が生ずることを期待して、抵当権の設定を受けているのが通常であって、先順位の共同抵当権者が甲不動産の代価につき債権の全部の弁済を受けることができるため、後順位抵当権者の右の期待が害されるときは、債務者がその所有する不動産に共同抵当権を設定した場合と同様、民法三九二条二項後段に規定する代位により、右の期待を保護すべきものであるからである。甲不動産の所有権を失った物上保証人は、債務者に対する求償権を取得し、その範囲内で、民法五〇〇条、五〇一条に基づき、先順位の共同抵当権者が有した一切の権利を代位行使し得る立場にあるが、自己の所有する乙不動産についてみれば、右の規定による法定代位を生じる余地はなく、前記配分に従った利用を前提に後順位の抵当権を設定しているのであるから、後順位抵当権者の代位を認めても、不測の損害を受けるわけではない。所論引用の判例は、いずれも共同抵当権の目的不動産が同一の物上保証人の所有に属する事案に関するものではなく、本件に適切でない。

そして、右の場合において、先順位の共同抵当権者が後順位抵当権者の代位の対象となっている乙不動産に対する抵当権を放棄したときは、先順位の共同抵当権者は、後順位抵当権者が乙不動産上の右抵当権に代位し得る限度で、甲不動産につき後順位抵当権者に優先することができないのであるから（最高裁昭和四一年(オ)第一二八四号同四四年七月三日第一小法廷判決・民集二三巻八号一二九七頁）、甲不動産から後順位抵当権者の右の優先額についてまで配当を受けたときは、これを不当利得として、後順位抵当権者に返還すべきものといわなければならない（最高裁平成二年(オ)第一八二〇号同三年三月二二日第二小法廷判決・民集四五巻三号三二二頁参照）。」（＊「事実」の甲、乙不動産と「判文」の甲、乙不動産は対応するものではない。）

〔解　説〕〔44〕で示した図で説明しよう。AがEに対する七五〇〇万円の債権者で、D（物上保証人）所有の甲不動産（七五〇〇万円）、乙不動産（五〇〇〇万円）についての共同抵当権を有している。Bは甲不動産に三〇〇〇万円の債権につき二番抵当権を有しているとしよう。〔44〕でも述べたが、異時配当の定めが適用されるのは共同抵当権の目的物が同一所有者に属することが要件であり、本件のように、それがすべて物上保証人の所有であってもよい。抵当権を設定する者は、不動産の価値のすべて（総和）について担保されることを願い、後順位抵当権者＝ここではBもそうしたことを知り期待しているから抵当権を取得するのである。Aが両不動産につき同時に抵当権の実行をすると甲から四五〇万円、乙から三〇〇万円の配当を受ける。もし、Aが甲についてのみ抵当権の実行をすると七五〇万円すべてについて弁済を受ける。この場合、BはAが乙不動産に有していた一番抵当権に代位する。なお、物上保証人のDは債務者Eに対して求償権をもつが、DがこれにAの債権を代位すると考えられるが、そう考えてみても自己所有の乙について抵当権を有することになり意味がないし、DとしてはBによって代位されることは覚悟のうえだから何の損害もないというわけである。

Aが甲について抵当権の実行をするときに、乙についての抵当権を放棄した場合――Bに打撃を与えるためであろう――に、判例は（判文中の昭和四四年判決）、Aは、Bが本来なら代位し得る限度で――すなわち三〇〇万円について――Bに優先することができないとされているから、Aが全額配当を受ければ、Bは三〇〇万円につきAに返還を（不当利得や不法行為を理由として）求めることができる、というものである。

〔46〕 第三取得者の地位——物上保証人から目的物を取得した者の地位

最判昭和四二年九月二九日・民集二一巻七号二〇三四頁

〔事　実〕 YのAに対する一一〇万円の債務を担保するために、Bはその所有土地に抵当権を設定した（Bは物上保証人）が、その後、その土地をBの夫Xに譲渡した。Aが抵当権を実行しようとして競売を申し立てたので、XはAに元金一一〇万円のほか遅延損害金・費用相当額として五〇万円を支払い、Aは競売を取り下げた。XがYに元金と遅延損害金の部分に当る一二六万円余の求償を請求した。原審は、民法三七二条、三五一条、四五九条〜四六二条を準用してこれを認めた。Y上告（我妻編・民法基本判例集〔第六版〕参照）。

〔判　文〕 棄却「他人の債務のために抵当権を設定した不動産の所有者（物上保証人）からその所有権を譲り受けた第三者（以下第三取得者という）は、その抵当権が実行されるときには、その所有権を失ない、かつ、物上保証人自身、通常の保証とは異なり、その抵当物件の限度で債務者の債務について責任を負うにとどまるから、右第三取得者は、物上保証人に類似する地位にあるというべきである。それゆえ、右第三取得者は、物上保証人に類似する地位にあるというべきである。それゆえ、右第三取得者が自己の出捐をもって債権者に対してした任意弁済に基づく求償関係については、民法三七二条、三五一条の規定を準用し、かつ、その求償権の範囲については、物上保証人に対する債務者の委任の有無によって民法四五九条ないし四六二条の規定を準用すると解すべきであって、これと同旨に出た原判決の判断は正当である。」

〔解　説〕　抵当不動産の第三取得者は、債務者の意思に反しても弁済できるものである(四七四条二項)。弁済すれば抵当権の負担を免れるという利益を有する者だからである。そして弁済すれば、この第三取得者が債務者に対して求償権を有することになることも疑いのないところである。問題は、求償のなし得る範囲である。

もし物上保証人が弁済した場合は、民法三七二条によって準用される三五一条によることになる。それなら、第三取得者についてはどう考えるべきだろうか。本判決は、第三取得者を物上保証人と同視してよいといっている。その理由として、①第三取得者は、抵当権が実行されるときはその所有権を失うこと、②物上保証人自身、通常の保証とは異なり、その抵当物件の限度で債務者の債務について責任を負うにとどまる(第三取得者もそうである)ことをあげている。

このように考えて三五一条を適用することになるが、そこでは民法四五九条〜四六二条を準用することになっている。ところが、第三取得者は物上保証人と違って、債務者から委託されるという関係はない。そこをどう切りぬけるかである。求償の関係で第三取得者を物上保証人と類似の地位にあるものとした以上は、委託を擬制することになろう。

ところで、民法は代価弁済、滌除《てきじょ》という制度を設け、一定の手続を経て目的物件の抵当権を消滅させている。本判決は、このような手続をとらずに、第三取得者が、債権者、債務者の承諾がなくても、目的物件の抵当権を消滅させることを認め、求償の範囲も明らかにした。その点で異論のある判決といえよう。

〔47〕 滌除《てきじょ》――その一　仮登記権利者の滌除権

大判昭和一〇年七月二一日・民集一四巻一四四九頁

〔事　実〕 X銀行は債務者A所有の土地に根抵当権を有していた。Aは右土地をBに売却し、Bは所有権取得の仮登記をなした。X銀行は根抵当権実行のためその旨をBに通知し、BはX銀行あてに滌除の書面を送付してきたが、Bが仮登記権利者で本登記を経由しないで滌除をなし得ないとして普通競売の申請をした。第一審はこれを容れたが、この決定にBが異議の申立てをした。原審はこれを認めたので、X銀行が抗告。

〔判　文〕 棄却「抵当不動産ニ付所有権移転請求権保全ノ仮登記ヲ為シタル者ハ後日本登記了《おわ》ラバ仮登記ノ順序ニ於テ所有権ノ取得ヲ第三者ニ対抗シ得ラルベキ地位ニアル者ナルガ故ニ、其ノ請求権ガ停止条件附若クハ将来確定スベキモノトシテ登記セラレタル場合ハ格別ナルモ、然ラザル限リ仮登記権利者ノ右ノ地位ヲ保全スルノ必要上其ノ者ヲ民法三七八条ニ掲ゲタル第三取得者ニ該当スルモノトシ、之ニ対シ抵当権者ハ同法三八一条ニ則リ抵当権実行ノ通知ヲ為スコトヲ要スルモノト解スルヲ相当トス（昭和五年(ク)第一三七五号同六年一月一三日当院決定参照）。然ラバ仮登記権利者ニシテ右第三取得者ニ該当スル者ハ未ダ本登記ヲ為スニ至ラザル場合ニ於テモ同法三八二条以下ノ規定ニ従ヒ抵当権ヲ滌除《てきじょ》スルコトヲ得ルモノト解スベク、之ニ反シ仮登記権利者ハ本登記後ニ非ザレバ抵当権ヲ滌除スルコトヲ得ズト解スルガ如キハ、仮登記権利者ノ上《じょうじょ》敍地位保全ノ趣旨ニ副ハザル議論ニシテ採ルニ足ラズ。」

〔解　説〕「滌」という字は「てき」と読むが、難しい漢字である。洗うとか清めるとか除くという意味である。抵当権の滌除というのは抵当権を洗い除くということである。

民法は、抵当権の滌除という制度を設けている。抵当不動産の第三取得者が、自ら抵当不動産を評価し、その評価額を抵当権者に提供する旨を申し出で、抵当権者がこれを承諾した場合には、申出額を払い渡し、または供託することによって抵当権を消滅させる制度である。抵当権者は、かかる滌除の申出を拒否できるが、拒否するためには、競売（増価競売）を申し立て、第三取得者の申出額の一割増しで買い受ける者がない場合は、自ら増価額で買い受けなければならない。この滌除の制度は、抵当権は価値権として目的物の交換価値を把握しているのだという思想がそこにある。抵当不動産の売買代価が被担保債権額より下回っている場合に実益を発揮するといわれている（高木・担保物権法二一〇頁）。第三取得者の申出価額が適正ならば問題は生じないが、不当に低い価額の申出の場合は、抵当権者に酷となることが多いともいわれる。抵当権者が拒否できるといっても、現実には、申出に屈服せざるを得ないからである。

抵当権者が抵当権を実行するためには、まず、三七八条に定める第三取得者（抵当不動産につき所有権・地上権・永小作権を取得した者）に抵当権を実行する旨の通知をしなければならないとされている（民三八一条）。第三取得者に滌除の機会を与えるためである。

ところで、この判決からも伺えるが、判例は、通知をしなければならない第三取得者と滌除をなし得る者の範囲を同じものとしているように思われる。しかし仮登記権利者の場合、問題を生ずるのである。

すなわち、原則として仮登記権利者に通知をしなければならないが、所有権の登記請求権が停止条件付もしくは将来確定すべきものであるときは別だとこの決定はいう。第三取得者ではないからだというのがその根拠であろう。しかし判例はこの原則を貫徹しているわけではない。停止条件付の場合でも、抵当権実行の通知を受けた後一ヵ月以内に条件が成就すれば滌除をなしうる（民三八二条三項）ことを理由に、かかる者でも自らの意思で条件を成就せしめられる可能性あるとき（たとえば、代金支払いを条件とするもの）には通知を要するとした判例があらわれている（大決昭和一五年八月二四日・民集一九巻一八三六頁）。

これに対して、学説の多くは、通知をなす相手方と滌除をなし得るものとをわけて扱い、仮登記権利者にはすべて通知をなすべきだとしている（高木・前掲書一五九頁）。そのうえで滌除をするには所有権を取得していなければならないと考えるのである。私もこの見解である。抵当権者によけいな負担をかけないですむからである。

〔48〕 滌除《てきじょ》——その二　持分権に基づく滌除

最判平成九年六月五日・民集五一巻五号二〇九六頁

〔事　実〕　複雑な事案なので簡略にする（瀬川＝内田＝森田・民法判例集〔担保物権・債権総論〕も本判決の事実を簡略にしているが、それも参考にした）。A、B、C、D共有の建物につきEが根抵当権を有していたが、その後、Aはその持分につきYのために根抵当権を設定した。ついで、XがA、Bの持分を取得し、移転登記を経由した。YからXに対し、抵当権実行の通知がなされ、XがE、Yに対して滌除の通知を行った。しかし、裁判所は、Xの滌除の通知は無効であるとして通常の競売開始決定をして差押登記がなされた。そこで、XがYに対して、滌除権の行使によりYの根抵当権は消滅したとして、根抵当権設定登記の抹消を求める訴えを提起した。原審は、滌除権の行使を有効としてXの請求を認めたので、Y上告。

〔判　文〕　破棄自判「一個の不動産の全体を目的とする抵当権を設定されている場合において、右抵当不動産の共有持分を取得した第三者が抵当権の滌除をすることは、許されないものと解するのが相当である。けだし、滌除は、根抵当権者に対して抵当不動産の適正な交換価値に相当する金員の取得を確保させつつ、抵当不動産の第三取得者に対して抵当権を消滅させる権能を与えることにより、両者の利害の調和を図ろうとする制度であると解されるところ、右の場合に共有持分の第三取得者による滌除が許されるとすれば、抵当権者が一個の不動産の全体について一体として把握している交換価値が分断され、分断された交換価値を合算しても一体として把握された交換価値に及ぼす、抵当権者を害するのが通常であって、滌除制度の趣旨に反する結果をもたらすからである。

以上と異なる見解に立ち、共有持分権者による持分についての滌除権の行使が一律に許されないとする根拠は見いだし難く、本件滌除権の行使が権利の濫用である旨の主張立証もないなどとした上、Xによる本件滌除を有効であるとして本件請求を認容すべきものとした原審の判断には、法令の解釈適用を誤った違法があるというべきである。」

〔解　説〕　滌除の制度のあらましについては前記〔47〕判例のところで述べた。要は、抵当権者と抵当不動産の第三取得者の利害の調和をはかったものである。大事なことは、適正な抵当不動産の交換価値が提供されるかどうかである。

ところで、抵当不動産が本判決のように共有である場合に、共有持分権に基づく滌除をなし得るかどうかについては、肯定説と否定説とがある。圧倒的に後者が多い。

(1) 肯定説の根拠は――

① 共有持分権も所有権の本質では何も単独所有権と異ならない。

② 抵当権の設定された不動産が後に分筆され、その一部の取得者からの滌除を判例が認めるが、本件の場合と実質的に異ならない。

これに対して、

(2) 否定説の根拠は――

① 抵当権者は、持分権に基づく滌除の通知ごとに増価競売をもって滌除に対応しなければいけないことになり、それに費やす労力と時間とは、抵当権者に耐え難いものである。また、そうすることによって、抵当権の実行を妨害することが図られかねない。

② 本判決もいっているが、細分化された個々の共有持分の価格を合算しても、一個の不動産の価格よりもかなり低額にならざるを得ないのが一般である。そうすると、一個の不動産の全体について一体として把握した価値が、その後の持分権の第三取得者の行為によって毀損されることになる。

③ また、②の現象は、抵当不動産のどの部分についても被担保債権全部を担保していると

いう不可分の原則に反する結果をもたらす。

以上のように見てくると、肯定説の論拠はいたって弱々しく、それに反し否定説の論拠は、現実を踏まえて説得力がある。

私もこの否定説に賛したい。(2)の①②を強く意識するからである（田中・本判決評釈〔私法判例リマーク二一七〕を参考にしている）。

〔49〕 抵当権の処分――その一　転抵当

大判昭和七年八月二九日・民集一一巻一七二九頁

〔事　実〕　X信用組合は組合員Aに対する貸金三、八〇〇円の担保として本件不動産の上に抵当権を有していたが、この抵当権を担保としてB（日本勧業銀行）から金一二、五五〇円を借り受けた。その後、Aが債務の弁済をしないので、Xは原抵当権の実行を申し立てたが、競売裁判所はこれを却下した。Xは、転抵当権者には原抵当権の実行を制限する権利はない。そうでなければ、XはAに対する権利を行使してそれによって転抵当権者Bに弁済することはできないと主張して抗告。さらに再抗告（我妻編・民法基本判例集〔第六版〕〔五七〕参照）。

〔判　文〕　棄却「民法第三七五条ニ依リ抵当権者ガ其ノ抵当権ヲ以テ他ノ債権ノ担保ト為シタルトキハ、抵当権者ハ其ノ抵当権ヲ以テ担保セラルル債権ト同額ノ範囲内ニ於テ其ノ抵当権ヲ実行スル権能ヲ其ノ債権者ニ付与シタルモノニシテ、其ノ債権者即チ抵当権ヲ担保ニ取リタル者ハ自己ノ債権ノ弁済ヲ受クル為担保権ノ行使トシテ其ノ抵当権ヲ実行シ、抵当不動産ノ売得金ヨリ弁済ヲ受クルコトヲ得ルモノトス。而《しか》シテ其ノ売得金ガ余剰ヲ生ジタル場合ニ於テ原抵当権者ノ第三債務者（抵当権設定者）ニ対スル債権額ガ抵当権ノ担保権者ノ債権額ニ超過スルトキハ原抵当権者ハ其ノ差額ニ付配当ヲ受クルコトヲ得ベク、又斯《か》カル余剰ヲ生ズベキ場合ニ於テハ、原抵当権者ハ必シモ抵当権ノ担保権者ガ抵当権ノ実行ヲ為スヲ待ツコトヲ要セズシテ、自ラ抵当権ノ実行ヲ為シテ右ノ差額ニ相当スル弁済ヲ受クルコトヲ得ベク、然ルトキハ抵当権ノ担保権者ノ受取ルベキ金額ニ付テハ之ヲ弁済シ又ハ之ヲ供託スベキモノト解スルヲ相当トス。然レドモ抵当権ノ担保権者ノ有スル債権ト原抵当権者ノ有スル債権トガ同額ナルカ又ハ前者ガ後者ヨリモ多額ナルトキハ、原抵当権者ハ抵当権ノ実行ヲ為スコトヲ得ザルモノト謂ハザルベカラズ。何トナレバ抵当権ノ担保権者ノ有スル債権ガ原抵当権者ノ債権ト同額ナルカ又ハ之ニ超過スルトキハ、原抵当権者ハ抵当権ヲ実行スルモ自己ノ受領スベキ金員ヲ以テ右担保権者ニ弁済シ又ハ供託セザルベカラズシテ抵当権ノ実行ニ因リテ何等ノ利益スル所ナケレバナリ。又抵当権ノ担保ハ原抵当権ヲ基礎トスルモノニシテ、原抵当権者ハ自己ノ有スルヨリモ以上ノ担保権ヲ設定スルコトヲ得ザルモノトス。故ニ原抵当権者ハ自己ノ債権ノ満足ヲ得ル為抵当権ノ担保権者ヨリ何等ノ制限ヲ受クルコトナク独立シテ抵当権実行ノ為ニスル競売ノ申請ヲ為スコトヲ得ベシトノＸノ所論、及抵当権ノ担保権者ハ第三債務者（抵当権設定者）ニ対シ直接ニ権利ヲ行使スルコトヲ得ズトノ所論、其ノ他前示説明ニ反スル所論ハ当ヲ得ザルモノトス。」

〔解　説〕　民法三七五条一項は、抵当権をもって他の債権の担保となすことができる旨を定めている。この性質に関して、転質と同じ争いがある。債権とともに質入りするものだとか、抵当権そのものの質入りだとかといったように。いままでは、単純に抵当にとった不動産を再度抵当にいれるものだと解する者が多い。そうはいっても、転質の場合と同じく原抵当権によって把握した価値しか抵当にいれられないという制約を受ける。本決定は、原抵当権者はその債権と同額の範囲内でその抵当権を実行する権能を転抵当者に付与したものだといっているのもほぼ同じ趣旨であろう。

その対抗要件は抵当権の登記についての附記登記による（三七五条二項）。

ところで、丙を原抵当権設定者、乙を原抵当権者、甲を転抵当権者とする。

①　乙の有している被担保債権を三、〇〇〇万円とし、甲の有する被担保債権を二、〇〇〇万円とする。甲の抵当権を実行されると、まずその売得金（競落代金）から甲の二、〇〇〇万円を弁済にあてられ、この売得金に余剰があれば、乙の被担保債権と甲のそれとの差額一、〇〇〇万円につき配当を受けられる。この場合、乙は甲の抵当権の実行をまつことなく、㋐自ら抵当権の実行をなして上記の差額の弁済を受け、甲の受けとるべき二、〇〇〇万円は

これを弁済したり供託することができる。

② 逆に、乙の有している被担保債権を二、〇〇〇万円とし、甲の有するそれを三、〇〇〇万円とすると、乙は抵当権の実行はできない。なぜならば、それをしてみても、甲の債権の弁済にあてられて(二、〇〇〇万円だが —— 甲の把握している価値が二、〇〇〇万円だから)、乙は何らの弁済も受けられず、利益が全くないからである。

この決定はこういっている。その前に、転抵当権を実行するには転抵当権と原抵当権の弁済期がともに到来することが必要であるし、債務者および抵当権設定者(物上保証人の場合)に通知することが必要である。問題は、乙の抵当権の実行であるが、判例は①で述べたような制限のもとで認めるが、これについては、肯定説、否定説多岐にわたる。

〔50〕 抵当権の処分――その二　抵当権の順位譲渡

最判昭和三八年三月一日・民集一七巻二号二六九頁

〔事　実〕　A所有の建物について、まず、Yのために債権額五〇万円につき第一順位の抵当権設定登記と、停止条件付代物弁済契約による所有権移転請求権保全の仮登記がなされ、ついで、Bのために、債権額三〇万円の第二順位の抵当権設定登記がなされ、直ちにBはYから順位の譲渡を受けた（その際、AはBから受けとった三〇万円をYへの五〇万円の債務の一部弁済にあてたようである〔我妻編・民法基本判例集〔第六版〕〔58〕参照〕）。その後、Yは代物弁済による所有権取得の本登記をした。Bから債権と抵当権を譲り受けたXは、Yの所有権取得の本登記は仮登記の時まで遡る結果、Xは抵当権の実行ができなくなったため、XのYに対する優先弁済権が侵害されたとして、Yに対し損害賠償の請求をした。原審は、Xの請求を認めず、Xが上告。

〔判　文〕　棄却「抵当権の順位を譲渡し、その旨の附記登記を了した者が、その後右抵当権設定登記より後順位にある停止条件付代物弁済による所有権移転請求権保全の仮登記に基き債務者より代物弁済を受けたとしても、右仮登記に先立つ抵当権の順位の譲渡を受けた抵当権者の抵当権はこれがため侵害されるものではないと解すべきである。けだし、抵当権の順位の譲渡は譲渡人と譲受人間の順位の転換を生じ、譲受人は譲渡人の有した抵当権の範囲及び順位において抵当権者となるものであるから、例えば第一順位の抵当権の順位を譲り受けた第二順位の抵当権者は、順位譲受の結果第一順位の抵当権者となり、従前の第一順位の抵当権者は第二順位の抵当権者となるのであって、既に第一順位となった抵当権者の抵当権は、第二順位となった抵当権者がその後債務者より自己の抵当権の弁済を受けたからといって影響を蒙るべきいわれはないからである。然らば本件において第一順位の抵当権の譲渡を受けたBの抵当権及びBよりその抵当権を譲り受けたXの抵当権はYが前記代物弁済を受けたことにより消滅するものでなく、またその抵当権の実行を妨げられるものではない。」

〔解　説〕 大変難しい問題である。設例をもとに説明しよう。一番抵当権者をA（債権額一、〇〇〇万円）、二番抵当権者をB（債権額二、〇〇〇万円）、三番抵当権者をC（債権額三、〇〇〇万円）とし、設定者を甲として、AからCに順位が譲渡されたとしよう。競売価額が五、〇〇〇万円だとすると、本来ならば、Cは二、〇〇〇万円の配当を受けられる。それが順位の譲渡があると、Aの優先的配当額一、〇〇〇万円とを足した三、〇〇〇万円について、Cがあるその債権額三、〇〇〇万円につき優先配当を受けることになる。もし残余があればAが配当を受けられる（この場合はない）。Bには影響がない。本判決は、順位の譲渡は譲渡人と譲受人間の順位の転換を生じ、譲受人は譲渡人の有した抵当権の範囲及び順位において抵当権となるものだ、といっているが、不適切である。

いまは、いわゆる相対的効果説をとるべきことは、根抵当権の立法によって解決された。この考え方は、抵当権の順位は譲渡によって一応移転するが、ただ、当事者間では、譲渡人が本来の抵当権によって受くべき優先的配当額について譲受人が優先して配当を受ける意で譲渡がなされたものであるというのである。その結果設例のようになるのである。

抵当権の順位の移転という形をとるから、その対抗要件は、附記登記（三七五条二項）であり、債務者、抵当権設定者に対する対抗要件は、民法四六七条に因る通知または承諾である（三七六条一項）。

上記のような対抗要件の備わる前に譲渡人Aに弁済がなされると、譲受人のCはその地位を失う。対抗要件が具備された後に弁済された場合は、譲受人Cはその利益を失うことがないが（三七六条二項）、Cの承諾を得てAに弁済したときは、Cに対抗でき、Cはその利益を失う（三七六条二項）。

相対的効果説は、こうしたことをうまく説明するために主張されたものである。

したがって、本判決が、順位の譲渡人が対抗要件を備えた後に弁済を受けたからといって譲受人の抵当権に何の影響もないとしたのは不正確である。

〔51〕 抵当権の侵害

大判大正二年一二月一一日・民録一九輯一〇一〇頁

〔事　実〕　Xは、Y_1など三人が有する鉱業権の上に抵当権を取得している。Y_1らはこの鉱業権をY_2に譲渡し、Y_2が当該鉱区で採掘を行なっている。Xは、Y_1とY_2の鉱業権譲渡契約が通謀虚偽表示で無効であるとして、その確認を求めた。原審は、上記譲渡契約は無効――通謀虚偽表示としているが、やや判然としない恨みがないでもない――であることを認め、したがって、鉱業権を有しないY_2の採掘行為は、Xの抵当権を侵害するおそれがあり、Xには、右譲渡行為の無効確認を求める利益があるとした。Y_1とY_2が上告。

〔判　文〕　破棄差戻「本訴ハY_1等ガ其共有ニ属スル本件鉱業権ヲY_2ニ売渡シタルハ、相通ジテ為シタル虚偽ノ意思表示ナリトシテ其売買契約無効ノ確定ヲ請求スルモノニシテ、原告タルXハ、即時ニ之ヲ確定スルニ付キ法律上ノ利益ヲ有スルヤ否ヤノ争点ニ対シ、原院ハXニ如上《じょじょう》利益ノ存スルモノト為シ、以テ本訴請求ヲ許スベキモノト判定シタリ。而シテ原院ガ其利益ナリトスル所ハ果シテ那辺《なへん》ニ存スルヤ。原判決ノ此点ニ関スル所説ヲ彼此《ひし》参照シテ之ヲ考フルモ、Y_2ハ係争売買契約ニ基キテ鉱業権ヲ主張シ、本件鉱区ヨリ石炭ヲ採掘シツツアリ、為メニXハY_1等ガXノ為メニ本件鉱業権ヲ目的トシテ設定シタル抵当権ヲ侵害セラルルノ虞《おそれ》アルヲ以テ、之ヲ防止スルコトヲ得ル点ニ於テ即時ニ係争売買契約ノ無効ヲ確定スルノ利益アリト云フニ在ルモノノ如シ。然レドモ抵当権ハ抵当債務者ガ抵当ノ目的タル鉱業権ヲ行使スルヲ防グルモノニ非ザレバ、抵当権設定ノ後ニ於テモ石炭ノ採掘セラルルコトハ抵当権者タルXノ当初ヨリ予期スル所ナレバ、抵当権ヲ設定シタル鉱業権者自ラ之ヲ採掘スルト鉱業権ノ譲渡ヲ仮装シ他人ヲシテ採掘セシムルトヲ問ハズ、苟《いやしく》モ普通鉱業家ノ執ルベキ方法ニ従ヒテ採掘スルニ於テハ之ガ為メニXノ抵当権ハ何等害セラルル所ナシ。故ニY_2ガ普通鉱業家ノ執ルベキ方法ニ従ヒ採掘スルニ於テハ、Y_2ガ真実ノ鉱業権者ニ非ザルノ一事ヲ以テ其採掘ハXノ抵当権ヲ侵害スルノ虞アルモノト謂フヲ得ズ。然ルニ原院ガY_2ノ採掘方法如何ヲ審究スルコトナクシテ其採掘ヲ以テ抵当権ヲ侵害スルノ虞アルモノト為シ、之ヲ防止スルコトヲ得ルノ点ニ於テ即時ニ係争売買ノ無効ヲ確定スルノ利益アルモノトシテ本訴請求ヲ許シタルハ理由不備ノ不法アルヲ免レザルモノトス。」

〔解　説〕 抵当権の侵害を生じるというのは、抵当権の目的物の交換価値が減少して、被担保債権を保護する力に不足を生じさせることである（我妻・担保物権法三八三頁）。抵当権は目的物の経済的効用を停止させないということに本質がある。したがって、その目的物が通常の用法に従って使用収益される限り、侵害などという問題は生じない。たとえば、毎年数十本ずつ檜が伐採される――これを輪伐というが――山林を抵当にいれた場合に、檜が毎年行なわれるように伐採されたとしても、それは抵当権の侵害にならない。

目的物を第三者に用益させることも侵害ではない。たとえば、目的物を賃貸することも用法の一つであることを考えれば直ぐわかる。また、目的物の権利者が変わっても問題を生じない。目的物の譲渡は自由になし得るのだから。

譲渡をめぐる法律関係が不適法であっても、この結論に異ならないことを本判決は示している。すなわち、本来鉱業権を有しない者のなした採掘なのだが、結論は変わらないといっている。

あくまでも、侵害の有無は、交換価値の減少を来すかどうかによって決すべきである。それのみで判断すべきである。

〔52〕 抵当直流《じきながれ》の特約

大判明治四一年三月二〇日・民録一四輯三一三頁

〔事　実〕 抵当権者Xと債務者・抵当権設定者Yとの間で、Yが期日までに利息を払わないときは「元利金額ヲ対償トシ本件抵当地所全部ノ所有権ヲXニ取得セシメル」旨の特約がなされた。利息の支払がないのでXがYに土地所有権移転登記を請求する。Yは抵当直流契約を無効とした大判明治三〇年一二月八日・民録三輯一二巻三六頁（民法施行前）を引用して抗弁するが、原審は認めない。Yが上告（我妻編・民法基本判例集〔第六版〕二二四頁参照）。

〔判　文〕 棄却「民法第三七二条ガ抵当権ノ総則トシテ質権ニ関スル第三五一条ノ規定ヲ抵当権ニ準用シナガラ、同ジク質権ニ関スル第三四九条ノ規定ヲ之ニ準用セズ、其他抵当権ニ関シテ禁止ノ明文ナキヲ以テ観レバ、抵当権設定者ハ質権設定者ト異ニシテ、設定行為又ハ債務ノ弁済期前ノ契約ヲ以テモ抵当権者ニ弁済トシテ抵当不動産ノ所有権ヲ取得セシムルコトヲ約スルコトヲ得ルモノト解釈スルヲ相当トス。然レバ原院ガYハ本件地所ヲ抵当トシテXヨリ金員

ヲ借受ケ、若シ定期ノ利息支払ヲ怠ルトキハ元利金額ヲ対償トシテ抵当地所全部ノ所有権ヲX
ニ取得セシメ其登記手続ヲ為スベキコトヲ約シタル事実ヲ認メ、該契約ノ有効ナルコトヲ判示
シタルハ結局適当ニシテ本論旨ハ理由ナシ。」

〔解　説〕抵当権設定契約で、あるいは被担保債権の弁済期前の特約で、債務者が利息や元本の一部などの支払をしない場合、抵当不動産の所有権を抵当権者に移転せしめて被担保債権を消滅させることが約されることがある。抵当直流《じきながれ》といわれる。

なぜこういう特約をするかといえば、第一は、抵当権の実行手続の煩雑さを避けるためである。第二は、抵当不動産の価格が被担保債権額を上回る場合は、抵当権者に利益があるためである。

このような抵当直流は有効であると本判決はいっている。質権の流質禁止規定である三四九条のような規定が抵当権にはないからであるといっている。

抵当直流に相当する公示制度はない。一番多いのは代物弁済の予約の仮登記をすることである。しかし、そうしなければいけないということはないから、契約は代物弁済の予約だが、仮登記をしないこともある。

問題は、これをそのまま素直に認めていいかということである。仮登記担保法では、仮登記

権利者は目的物の所有権を取得するが、清算義務が課されている（同法二条）。また、不動産を目的とした譲渡担保では、判例は、仮登記担保の場合と同じく清算義務を課している（最判昭和四六年三月二五日・民集二五巻二号二〇八頁）。これらと較べて抵当直流は別だというわけにはゆくまい。したがって、これにあっても、清算義務を認めるべきである。そしてそれは帰属清算型——目的物の時価から被担保債権額を差引いたものを設定者に返還する——を本則とすべきである。

ところで、この方法の一つとして代物弁済の予約の仮登記がなされることのあることは既に述べた。これは、仮登記担保と考えてよい。それ以外を直流《じきながれ》とすることになる。

問題は同一不動産の上に抵当権と仮登記担保が併存する場合にどう取り扱うべきかである。判例は、債権者は、抵当権による競売か、仮登記担保としての所有権取得か、そのいずれか任意に選ぶことができる、としている（最判昭和四〇年四月一六日・判時四〇九号三〇頁等）。

〔53〕 抵当権の実行と順位

最判昭和四一年三月一日・民集二〇巻三号三四八頁

〔事　実〕 非常にこみいった事件だが、単純化すると――。本件建物について、下記の順位で登記がなされている。①A（信用保証協会）のための抵当権（判文では五番とされているが、それに優先する抵当権は消滅したのであろう）、②Xのための代物弁済予約による所有権移転請求権保全の仮登記、③Aのための抵当権の設定登記、④Xのための前記②の仮登記に基づく所有権移転の本登記。以上の順位である。その後で、Aが③の抵当権を実行し、Yが競落人となった。XはYに対し、③の登記より②のXの登記のほうが優先する（先だから優先するということである）と主張していて、所有権の確認を求めた。原審ではX敗訴。そこでX上告。

〔判　文〕 棄却「同一の不動産について数個の抵当権が設定されているときは、後順位の抵当権者の申立によって抵当権が実行された場合であっても、競落当時存した抵当権はすべて消滅し、競落人は抵当権の負担のない不動産所有権を取得する（競売法二条一、二項（現在は民事執行法五九条〕）のであるから、その不動産は競落当時存した最先順位の抵当権設定当時の権利状態で競売に付されたものというべく、従って、右最先順位の抵当権設定登記の後にその不動産について所有権その他の権利を取得した者は、その権利をもって競落人に対抗することができないものと解すべきである（大正七年五月一八日大審院判決・民録二四輯九八四頁、昭和一五年九月三日大審院判決・法律新聞四六二四号七頁各参照）。

本件において原判決の確定した事実によれば、本件家屋は、Xの所有権移転請求権保全の仮登記後に登記された抵当権が実行されてYが競落したものであるが、本件家屋については、前記仮登記に先き立ち昭和二六年一一月一五日に登記されたAのための順位五番の抵当権が存し、この抵当権が本件競落の時まで存続していたというのであるから、Xは右仮登記に基づく所有権の取得を競落人であるYに対抗できないとした原判決の判断は、前記説示に照らし、正当である。」

〔解　説〕　甲不動産にAが一番抵当権、Cが二番抵当権を有し、Cが抵当権を実行したとすると、Aの抵当権は消滅し、配当はまずAが受け、残りはBが受ける。このことから次のことがいえる。

①　抵当権を実行する際、その抵当不動産に他の担保物権などが成立していることが多い。

その運命をきめなければならない。民事執行法五九条は、優先順位のある抵当権、先取特権は消滅すると定めた。そして、配当における優先弁済で解決することにした。したがって、一番抵当権が実行されたのと異ならない。

② 競落人Dが所有権を取得するのは、競落許可決定が確定し、代金を執行裁判所に納付した時である(民執一八八条、七八条)。したがって、その内容は、①から見て一番抵当権が設定された時を基準とすることになる。

③ AとCの抵当権の間の順位としてBのために甲地の代物弁済の予約として、所有権移転請求権保全の仮登記がなされている場合はどうだろうか。この判決の場合である。それが担保としてなされておれば、その運命については「仮登記担保契約に関する法律」が定めている。それによれば、後順位者(この場合はC)の競売申立ての場合には、仮登記権利者は、仮登記のままで、配当に参加し(仮登記担保法一三条)、そして仮登記担保権は消滅する(同法一六条)。その点は抵当権のように考えてよい。問題は、担保目的を有しない場合である。この判決の事案の場合はそうだったと思われる。もし、Aの抵当権が存在しなかったとすれば、Cの抵当権の実行によって仮登記によって保全される権利は消滅することはない。そうでなく、Aの抵当権が存在すると、この判決は消滅するといっている。最優先順位の抵当権を基準として、消滅す

るか否かで決せられるのである。通説もこれを支持している。

〔54〕 抵当権の消滅――債権が消滅した場合

大判大正九年一月二九日・民録二六輯八九頁

〔事　実〕　XはAのYに対する債権を譲り受け、譲渡人AによるYへの通知も行なわれた。XはYに対して弁済を請求した。Yは、Aとの間の示談によって債権の一部が免除された旨を抗弁した（民四六八条二項による）。原審はこれを認めた。Xは、抵当権について債権額の変更登記がない以上、第三者たるXに対抗しえないと主張して上告（我妻編・民法基本判例集〔第六版〕二一六頁参照）。

〔判　文〕　棄却「凡《およ》ソ抵当権ハ不動産ニ関スル一ノ担保物権ナルヲ以テ、其得喪変更ハ登記法ノ定ムル所ニ従ヒ登記ヲ為スニアラザレバ第三者ニ対抗スルコトヲ得ザルハ洵《まこと》ニ所論ノ如シト雖《いえど》モ、担保物権ハ主タル債権ヲ担保スル従タル権利ナルヲ以テ、主タル権利ノ全部又ハ一部ガ弁済其他ノ事由ニ依リ消滅スルトキハ、従タル担保権ノ担保ノ範囲モ亦《また》其限度ニ於テ当然消滅スベキモノニシテ、担保物権ノ登記ノ抹消又ハ変更ヲ俟《ま》ッテ始メテ効力ヲ生ズルモノニアラズ。

蓋《けだ》シ登記ハ有効ニ存在セル担保物権ノ第三者対抗要件ニ過ギズシテ有効ナル担保物権ノ存在ハ之ヲ担保スル主タル債権ノ存在ヲ前提トスルヲ以テナリ。然ラバ本件ニ於テ仮リニ所論ノ如ク主タル債権額ノ一部ガXノ債権譲受前Yト債権者トノ示談ニ依リ消滅シタルニ拘《かかわ》ラズ、未《いま》ダ其減額ニ付キ変更登記手続ヲ了セザリシトスルモ、抵当権ノ担保金額ハ当然其減額ノ限度ニ於テ減少スルヲ以テ、原審ガ民法第四六八条第二項ニ依リ債務者タルYノ抗弁ヲ採用シタルハ当然ニシテ本論旨ハ理由ナシ。」

〔解　説〕　本判決が説くが如く、被担保債権が消滅すると、抵当権も絶対的に消滅する。担保目的たる債権が消滅したのであるから、抵当権を存続せしめる必要がないからである。抵当権(広くは担保物権)の付従性などとよばれる。被担保債権の一部が消滅したときには、抵当権の効力もその範囲で、消滅する。抵当権設定登記の抹消登記、変更登記がなくても、上に述べた効果には変りはない。この判例はこういい、通説もこれを支持する。

こうした考え方は、抵当権者の抵当権放棄による抵当権の消滅を、抵当権設定者は登記の抹消をしなければ抵当権の譲受人に対抗できないとする判例(大判大正一〇年三月四日・民録二七集四〇四頁)と一見矛盾するようにも見えるが、そうではない。この場合は、抵当権そのものを意思表示によって変動させたのであるのに反して、本判決の問題は、抵当権そのものを変動させようとして行為しているわけではないからである。本判決が、登記は有効に存在する担保物権の第三者対抗要件に過ぎないからだというのは、少し舌足らずの感がある。

そこで、次のような問題を生ずる。すなわち、被担保債権が消滅したのにかかわらず抹消登記がなされず、第三者が抵当権の存在を信じて、それを譲り受けても、登記に公信力がないから、抵当権譲受の効果を生じない(前掲大判大正一〇年判例)。登記に公信力を与えなかったわが国の制度の欠陥が色濃く出る場合だといわれている。

そうした欠陥を補うべく民法九四条二項の類推適用を広く認めようとの考え方が一般に強い。抵当権者が主体のない登記をそのまま放置したことに帰責事由を認めようというわけである。それを信頼した第三者に、抵当権者は抵当権は存在しないのだといえないとするのである。

また、弁済された債権の譲渡につき債権者が異議なき承諾をすれば、譲受人は抵当権のついた債権を取得するという場合もあろう。民法四六八条一項の問題である。もっとも、これは難しい問題で、ここで論ずるのは適切ではないので省略する。

〔55〕 根抵当権――その一　被担保債権

最判昭和五〇年八月六日・民集二九巻七号一一八七頁

〔事　実〕　抵当権者Aの申立てによって債務者B所有の不動産が競売に付された。Yが根抵当権に基づいて配当要求をなした。この根抵当権はC、Dから譲り受けたものであり、昭和四六年の民法改正前に設定されたものである(内容は改正法に抵触しない)。登記簿上、被担保債権として、手形取引もしくは手形割引契約に基づく債権と表示されている。B・C間、B・D間の基本契約には、Bは債権者に対し手形要件または債権保全手続の欠缺等によって手形上の権利が消滅した場合にも手形金額と同額の債務を負担する旨の特約が含まれていた。つまり、登記簿の記載と食い違っていた。これが争いの中心になった。原審は、他の債権者Xの異議申立てを認め、Yが要求した債権のうち、振出日の不記載、支払呈示期間内の不呈示、期限後裏書などの理由で手形上の権利としての請求要件を欠く債権を配当表から除外した。その理由は、第三者に対する関係では登記に表示された手形上の債権のみが担保され、特約は第三者に対抗できないというのである。Y上告。

〔判　文〕　破棄差戻「根抵当権の登記に登記原因として当事者の氏名の外特定の継続的取引契約及び根抵当権設定契約の各日付及び名称の記載があるときは、これらの登記簿上の記載から特定される契約において当該根抵当権により担保せられるべきものとして当事者間に合意された債権は、原則としてすべて当該根抵当権の被担保債権の範囲に属することを根抵当権者において第三者に対し主張することができるものと解すべきであり、右登記簿記載の名称がたまたま『手形取引契約』又は『手形割引契約』であるからといって、第三者に対し主張することができる被担保債権の範囲を手形上の債権のみに限定すべきではない。そして、不動産競売手続において根抵当権者が配当要求をして債権を届け出た場合は、特段の事情のないかぎり根抵当権によって担保される有効な債権を届け出た趣旨であると解するのが相当である。」

〔解　説〕　普通抵当権は定まった一定額の債権を担保するものだが、根抵当権は、担保する債権額の上限が定められ（これを極度額という）、終局的にはその範囲内のある債権額に確定する。その段階で普通抵当権となるが、それまで、債権額は絶えず変動し、消滅することもある。しかし、根抵当権では抵当権は消滅しない。被担保債権なければ抵当権なしといういわゆる担保物権の付従性を緩和するものである。また、根抵当権は価値の高い財産権として債権と関係なく譲渡される。独立性があるということであろう。

本来、被担保債権は、債務者との取引から生じたものであるべきである。ところが、実際には、極度額が定まっていて登記されているのだから、第三者に影響を与えるものでないと考えられ、包括根抵当なるものがあらわれてきた。これは、債権者が債務者に対して有する一切の債権を担保するとされるものである。確定の期日が近づいたりすると、極度額一杯になるまで、債権者が債務者に対する第三者の債権をかき集めるような事態を生じさせた。これは前述したように本来の姿でなく、債務者に対する不当な圧迫となり、他の債権者を害する結果になる。そこで法務省は、このような根抵当権の登記を拒むことになったが、社会に混乱をまきおこすことになった。そういう過程を経て、昭和四七年に、民法典の中に根抵当権の規定を新設することにしたものである。

本判決は、債権の範囲を登記簿に記載されたものに限定すべきでなく、当事者間の合意を尊重すべきだとしたものである。おそらく、登記事務で重要なことは極度額であって、記載事項としての取引の内容は、その一端が伺われればよいと考えているのであろう。

私もそう考えたい。極度額が一番大事であり、被担保債権の範囲は、主たるものを記載されればよい、と考えている。重要なことは、債務者との取引から生じていることである。

〔56〕 根抵当権——その二 取引の種類

最判平成五年一月一九日・民集四七巻一号四一頁

〔事　実〕 Y信用金庫とAとの間に信用金庫取引が行なわれ、昭和五四年三月、Xはこれを保証することになった。同年七月にYとXとの間で信用金庫取引契約が締結され、翌五五年三月にX所有の不動産の上にこれを担保する根抵当権が設定され、その被担保債権の範囲は、信用金庫取引による債権および手形債権、小切手債権と定められ、極度額は一〇〇〇万円であった。

Yの申立てにより、右根抵当権が実行され、競売開始決定がなされた。XからYに対して、そこで挙げられている債権はすべてAがYに対して負っている債務についてのXの保証債務に関するものであり、本根抵当権の被担保債権とはいえないとして、競売開始決定の取消を請求して本訴を提起した。

第一審、第二審ともにXの請求を棄却し、X上告。

〔判　文〕 棄却「被担保債権の範囲を『信用金庫取引による債権』として設定された根抵当権

の被担保債権には、信用金庫の根抵当債務者に対する保証債権も含まれるものと解するのが相当である。けだし、信用金庫取引とは、一般に、法定された信用金庫の業務に関する取引を意味するもので、根抵当権設定契約において合意された『信用金庫取引』の意味をこれと異なる趣旨に解すべき理由はなく、信用金庫と根抵当権債務者との間の取引により生じた債権は、当該取引が信用金庫の業務に関連してされたものと認められる限り、すべて当該根抵当権によって担保されるというべきところ、信用金庫が債権者として根抵当債務者と保証契約を締結することは、信用金庫法五三条三項に規定する『当該業務に付随する……その他の業務』に当たるものと解され、他に、信用金庫の保証債権を根抵当権の被担保債権から除外しなければならない格別の理由も認められないからである。

原審は、根抵当権設定契約において合意された『信用金庫取引』の範囲は、信用金庫の行う与信取引又は信用金庫と取引先（根抵当債務者）との間で交わされた信用金庫取引約定書の適用範囲に限定されるとの前提に立った上、信用金庫を債権者とし取引先を保証人とする保証契約は、信用金庫の取引先に対する与信行為に準ずるものとして信用金庫取引約定書の適用範囲に含まれると一般に解釈され、当該取引界における商慣習として定着していると判示し、このことを理由に、本件根抵当権の被担保債権には原判示の保証債権も含まれると判断しているところ、根抵当権の被担保債権の範囲を画する『信用金庫取引』の意味は前述のとおりであって、これを信用金庫の行う与信取引に限定すべき根拠は見出し難く、また、被担保債権の範囲を画するのは、根抵当権設定契約であって、信用金庫取引約定書ではない（民法三九八条ノ二第二項所定の『一定の種類の取引』は、被担保債権の具体的範囲を画すべき基準として第三者に対する関係においても明確であることを要するから、根抵当権設定契約において具体的に特定された『取引』の範囲が、当事者の自由に定め得る別個の契約の適用範囲によって左右されるべきいわれはない）から、この点に関する原判決の理由説示は適切を欠くが、その結論は正当として是認することができる。論旨は、独自の見解に立って原判決を論難するか、又は原判決の結論に影響のない事項についての違法をいうに帰し、採用することができない。」

〔解　説〕　本判決でも示している三九八条ノ二の第二項は、根抵当権によって担保される債権の範囲を明確にするため、債務者との「特定ノ継続的取引契約ニ因リテ生ズルモノ」「其他一定ノ種類ノ取引ニ因リテ生ズルモノ」と定めている。第三者の保護のためにも、これは客観的に定められる必要があるからである。

ところで、本判決が問題にした「信用金庫取引」は、上記の後者の問題である。この判決の原審は、それを「信用金庫取引約定書」に求めたが、最高裁は、この理由づけを、当事者の合意に求めることをしないで、客観的に定められる、信用金庫法が規定しているそのなすべき業務から導き出すべきだとしている。なすべき業務が法定されているのだからというのである。

法務省が根抵当権の登記申請にあたって、受理すべきものとして、たとえば「銀行取引」などをあげている。取引の範囲が、銀行業法によって客観的に定められるからである。それに反して、「商社取引」といったようなものは、取引の内容を限定している「法」がないから客観的に定められないというのである。「金融取引」などもその類である〔55〕・〔56〕とも、我妻編・民法基本判例集〔第六版〕二一六頁以下を参照している)。

〔57〕 譲渡担保――その一 譲渡担保と売渡担保

大判昭和八年四月二六日・民集一二巻七六七頁

〔事　実〕　Xは、大正五年二月二日に、Yから、九〇〇円を月一分二厘の利息で、弁済期を同年八月末日として借り受け、その担保として本件不動産の所有権をYに移転した。Xは弁済期に債務の弁済をすることができなかったが、その後は、元利金九七五円余に対する月一分二厘の割合による金額を賃料名義で支払いながら引き続き本件不動産を使用していた。そして、昭和三年九月に至り、Xは、元金と昭和二年四月以降の未払分の賃料（利息分か）を提供して本件不動産の返還を求めたが、Yが応じないので、金銭賃借関係は今日まで続いているのであり、元利を弁済すれば本件不動産の返還を受ける権利があると主張して、本訴を提起した。原審は、Xの主張するような契約ならば「売渡担保」であるが、本件の契約は、Yの主張するように、大正五年八月末日を買戻期限とする「買戻約款付売買」であり、その期限の徒過により本件不動産の所有権は確定的にYに移転しているとして、Xの主張を認めなかった。Xは上告して、本件不動産の売買価格九〇〇円は当時の価格の三分の一に過ぎず、また、その不動産中には祖先の墓地をも含んでおり、このような小額で、このような重要な不動産について、期限徒過の一事で返還請求権を絶対に喪失するような契約は締結されないはずであり、また、期限徒過後、元金の一部を弁済した際に、賃料名義で支払う金額もこれに応じて減額されたところからみて、実質上利息であることが明らかなのに、原審はこれについて何の判断もしていない、と主張した。

〔判　文〕　破棄差戻「金円ヲ借用セムトスル者又ハ巳《すで》ニ一ノ金銭債務ヲ負担セル者ガ、其ノ有スル或財産権ニ対シ物上担保権ヲ設定スルハ、少クトモ現行法ノ下ニ於テ担保供与ノ原則的方法ナリ。然ルニ右ノ場合ニ此原則的方法ニ依ラズ、普通ナレバ担保物権ノ客体タルベキ当該財産権自体ヲ相手方ニ譲渡スト共ニ、他日即チ弁済期ニ該当スル時期ニ於テ一定ノ金円(多クハ元本及ビ之ニ対スル利息ニ相当スル金円)ヲ相手方ニ支払フトキハ右ノ財産権ハ譲渡人ノ手ニ復帰スト約定スルコトアリ。這《こ》ハ終局ニ於テ担保供与ノ目的ヲ達スル手段ト云ハムヨリモ、寧《むし》ロ債権者ニトリテハ更ニ強ク且便ナル一種ノ担保ヲ成スト云フノ勝《まさ》レルニ如《し》カズ。然ルニ此(経済的ニ云フトコロノ)担保供与ノ方法ニ二アリ。其ノ一ハ新生若クハ既生ノ債務ハ依然之ヲ存続セシメツツ一面当該財産権ヲ譲渡スル場合ニシテ、此譲渡タルヤ固ヨリ交換ニモ非ズ、贈与ニモ非ズ、又売買ニモ非ズ、担保ノ目的ヲ以テスル譲渡ナリ。換言スレバ他日復帰ノ機会ヲ留保シツツ当該財産権移転ノ意思表示ヲ而《しか》モ真実ニ為スモノニ外ナラズ。固ヨリ仮装ノ行為ニ非ズ。他ノ一ハ取引ソノモノハ売買ヲ為スニアリ。而モ真実ノ売買ナリ。而シテ此場合其ノ受取リタル代金ハ即チ経済的ニハ借金ニ該当シ、又ハ受取ルベキ代金ハ則チ既存債務ト相殺ス可キ反対債権ヲ成スガ故ニ、比種取引ニ在リテハ爾後《じご》何等ノ債務モ残留スルコト無シ。売主ニ於テ他日一定ノ金円（多クハ元本及ビ之ニ対スル利息ニ該当スル金円）ヲ買主ニ支払フコトニ依リテ以テ曩《さき》ニ売渡シタル当該財産権ヲ其ノ手中ニ回収スルヲ得ルハ取リモ直サズ其ノ権利ニシテ義務ニ非ズ。左レバ夫ノ売渡担保（Sicherungskauf）ナル語ハ此後ノ場合ニノミ限ルヲ以テ精確ナル用法トシ、前ノ場合ハ之ヲ譲渡担保（Sicherungsübereignung）ト称スルヲ以テ当レリト為ス。此用語ヲ慎マザルノ結果概念ソノモノノ混沌曖昧《こんとんあいまい》ヲ来ス事例実ニ少カラズ。本件ノ如キモ亦其ノ一ナリ。而シテ売渡担保タルト譲渡担保タルトヲ問ハズ当該財産権ノ真正ニ移転セラルルコトハ些《いささか》ノ択《えら》ブトコロ無キモ、其ノ窮極ノ目的ハ則チ担保供与ニ在ルガ故ニ、譲受人ハ此目的ト抵触スルガ如キコトヲ為スヲ得ザル義務ヲ譲渡人ニ対シテ負担ス。唯此点ガ夫ノ無条件ニ権利ヲ移転シタル場合トノ差別ニシテ即チ信託行為（信託譲渡）ノ一ノ場合ニ外ナラズ。是故ニ信託譲渡ニ在リテハ専ラ当事者間ノ関係ニノミ着目スルトキハ、譲受人ハ未ダ以テ完全ニ当該権利ノ主体タル地位ヲ獲得セザルガ如ク、爾《しか》リ之ヲ称シテ内部関係ニ於テハ当該権利ハ移転セザルナリト云ヘバ、开《そ》ハ一ノ説明（寧《むし》ロ譬喩《ひゆ》）トシテ聴キ做《な》スヲ要ス。之ヲ文字通リノ事実ナリト解スルトキハ、夫ノ通謀虚偽ノ意思表示ト（極メテ微妙言フ可カクシテ識ル可ラザル区別ヲ外ニシテ）何等ノ径庭《けいてい》無キニ至ラムナリ。譬メザルベケムヤ。夫レ爾《しか》リ、然ラバ則チ譲渡担保ト売渡担保トニ論無ク当該財産権復帰ノ方法ハ如何ニ之ヲ約定スルヲ得ベキヤ。开《そ》ハ固ヨリ一ニシテ止マラズ。金円ノ支払ト云フ解除条件ヲ権利移転ノ意思表示ソノモノニ附シ置クモ可ナリ。金円ノ支払ト引換ニ権利ヲ譲戻ス可シト云フ一ノ債権契約ヲ締結シ置クモ可ナリ。殊ニ右ニ所謂《いわゆる》売渡担保ノ場合ニ於テハ或ハ再売買ヲ予約シ或ハ買戻権ヲ留保スルコト殆ンド常套《じょうとう》ノ手段ニ外ナラズ。要ハ金円ノ支払ニ因リ結局完全ニ当該権利ヲ回収スルヲ得ルノ定メアレバ足ル。左レバ本件ニ於テ当該不動産所有権ノ移転ヲ以テXハ之ヲ売渡担保ナリト主張セルニ対シYニ於テ否爾《しか》ラズ買戻権留保ノ売買ニ過ギズト抗争シ、而シテ原審モ亦此間ニ処《よ》リテ当事者双方ハ歩ミ寄ルニ道無キ対蹠的主張ヲ闘ハスモノノ如クニ解セルハ聊《いささ》カ奇異ノ感無クンバアラズ。蓋《けだし》仔細ニ之ヲ観ルトキハ売渡担保トハ専ラ所謂《いわゆる》担保供与ノ方面ヲ指ス用語ナルニ対シ、買戻約款附売買トハ主トシテ所謂《いわゆる》担保解除ノ方面ヲ表ハス用語タルニ止マリ、畢竟《ひっきょう》此二ツノ取引ハ相容レ相俟《ま》チテ以テ首尾善ク取引ノ全局ヲ収メムトスル一個ノ手段ニ外ナラザレバナリ。本件取引ガ売渡担保ナリヤ買戻約款附売買ナリヤト云フガ如キハ第二ノ問題ナリ。否問題ト為リ得ザル争ナリ。夫レ大正五年二月二日九〇〇円ヲ以テXヨリYニ売渡サレタル本件不動産ハ同年八月末日迄ニ九七五円六〇銭ノ金円ヲXヨリYニ支払フトキハ、Xニ於テ之ヲ回収スルヲ得ル約定ナリシコトハ原審ノ確定スルトコロナリ。独《ひとり》此時期ヲ徒過スルトキハ回収ノ機会ハ又長ヘニ之ヲ逸スルヤ否ヤ、之ヲ本件ニ於ケル争ノ枢軸ト為ス。今前記九七五円六〇銭ノ金円中七五円六〇銭ハ計算上九〇〇円ニ対スル月一分二厘ノ七ヶ月ノ利息ニ該当ス。而モ二月ヨリ八月迄ハ月ヲ数フルコト実ニ七ナリ。乃《すなわ》チ知ル可シ、右ノ約定ナルモノ元金九〇〇円ト之ニ対スル当該時期迄ノ月一分二厘ノ利息トヲ支払フトキハ買戻ヲ為スヲ得ト云フ趣旨ニ外ナラズ。普通ノ事態トシテ之ヲ観ルトキハ取リモ直サズ茲《ここ》ニ買戻約款附ノ方法ヲ以テスル一ノ売渡担保ノ行ハレタル消息ハ殆ンド歴々指掌《ししょう》ニ余アリ。（このように述べるとともに、本件をもって買戻約款付売買でないことをるる述べる。①弁済期を過ぎてもXは本件不動産を使用し、賃料名義で実質上の利息を払っていること、②本件不動産の時価は少なく見積もっても二七〇〇円以上あるが、僅か九〇〇円で売り渡すことなど考えられないこと、などがその主な証拠である。）」

〔解　説〕　本判決で大事なのは、判決の前段部分、すなわち、譲渡担保と売渡担保の意義・区別である。甲が乙から金員を借り、その担保として甲所有の不動産の所有権を乙に移転し、甲が従来通り、その不動産を使用する形態、それが譲渡担保である。甲の使用する形態は使用賃借か、賃貸借である（もっとも、今では、このような特約を結ぶことなく、譲渡担保契約の中に自ら使用する権限があると解されている）。これに反して、売渡担保は、甲が乙に当該不動産を売り渡し（実質は、売買代金が借金に当る）、甲が乙から賃借して使うことになる。この双方とも、目的物を返還し得るが、譲渡担保ではそのためには元利合計した金額（債務金額）を提供しなければならないし、売渡担保で、買戻し特約を結んだり、再売買の予約をしたりする。

これらの行為は、何れも信託行為である。担保のために所有権を移転するのだから、担保権者はそれを逸脱した行為をしてはならないとされている。

この両者はどの点に着目してその差を認めるのか。学説には、譲渡担保では占有を設定者に留めるが、売渡担保では占有を移転するというものが多い。

ところで、この両者を較べれば、譲渡担保が合理的である。まさに債権の担保だからである。そこで、売買とか買戻しとかという文字にとらわれず、なるべく譲渡担保と解すべきであるとされている。

そのうえで、譲渡担保では、清算することが本則だから（何れ判例を別にしてこれにふれる）、そのように解するとともに受戻権についても肯定するのが当然である。売渡担保でも、それが担保とされる限り、清算、受戻しの論理を生かすべきである。

なお、本件は目的物が不動産だから、登記を担保権者に移転することになるが、いまでは譲渡担保という名目で登記することが認められている。このことは、かなり広く不動産の譲渡担保が設定されていることを物語っている。

〔58〕 譲渡担保――その二　譲渡担保の有効性

大判大正三年一一月二日・民録二〇輯八六五頁

〔事　実〕 Aは、建物および動産（管巻器械およびその他の付属品）を債権者Xに売渡抵当とし、同時に両者の間で賃貸借契約を締結して占有改定を行ない、引き続きAが右の建物及び動産を現実に占有していた。Aの債権者Yがこれらの物件を差し押えたので、Xは、所有権に基づいて、Yの強制執行に対して異議を申し立てた。原審は、建物については、不動産の売渡抵当は有効であるとしてXの異議は認めたが、動産については、その売渡抵当は民法三四五条を潜脱する行為であるとしてXの異議を認めなかった。Xは上告して、動産の売渡抵当も信託的譲渡行為であって脱法行為ではないと主張した（我妻編・民法基本判例集〔第六版〕による）。

〔判　文〕 一部破棄自判「民法ニ於テハ、不動産ニ付テハ抵当権ノ設定ヲ認ムルモ動産ニ付テハ之ヲ認メズ、債権担保ノ為メ動産上ニ設定スルヲ得ベキ物権トシテハ単ニ質権ヲ認ムルニ過ギザルコト原院判示ノ如シト雖《いえど》モ、質権ノ設定ニハ債権者ニ其目的物ノ引渡ヲ為スコトヲ要シ、質権者ハ質権設定者ヲシテ自己ニ代リ質物ノ占有ヲ為サシムルコトヲ得ザルガ故ニ、動産ヲ以テ担保ト為スニ非ザレバ金銭ヲ借入ルルコト能ハザル者ガ、其動産ヲ占有シテ之ヲ利用スルノ必要アルトキハ質権ヲ設定スルニ由ナシ。此ニ於テカ債権者ハ其動産ヲ債権者ニ売渡シ置キ、若《も》シ債務ヲ弁済セザルトキハ債権者ニ於テ之ヲ処分シテ弁済ニ充当スルヲ得ルコトトシ、即チ債権ヲ担保スル為メ所有権移転ノ効果ヲ生ゼシムル意思ヲ以テ売買譲渡ヲ為スハ、経済上ノ必要ニ因リ通常世間ニ行ハレ、俗ニ売渡抵当ト称セラルル信託的行為ニシテ、目的物ノ不動産タル場合ト同ジク法律上有効ナルコト本院判例ニ於テモ是認スル所ナリ（明治三九年(オ)第三七六号同年一〇月五日言渡、明治四五年(オ)第一三二号同年七月八日言渡、明治四五年(オ)第一六六号大正元年一〇月七日言渡判例参照）。蓋《けだ》シ斯《か》カル場合ニ於テ当事者ノ目的トスル所ハ債権ヲ担保スルニ在ルモ、担保ノ方法トシテ所有権移転ノ効果ヲ生ゼシムル意思ヲ以テ売買譲渡ヲ為スモノナレバ、其意思表示ガ虚偽ニ非ザルハ勿論ナルノミナラズ、質権抵当権若クハ其他ノ物権ヲ設定スル趣旨ニ出ヅルモノニモ非ズ、又斯カル行為ヲ禁ズル所ノ法規アルニモ非ザルヲ以テ、之ヲ無効ト為スベキ理由ナケレバナリ。然リ而《しか》シテ所謂《いわゆる》売渡抵当ナル信託的売買ノ場合ニ於テ目的物ノ所有権ハ当事者間ノ内部関係ニ於テハ債務者ニ存スルモ、第三者ニ対スル外部関係ニ於テハ債権者ニ移転スルモノナルコト亦本院判例ニ示ス所ナリ（前掲判例参照）。」

〔解　説〕　譲渡担保は、債務者もしくは第三者が、債権の担保のために、不動産、動産の所有権を債権者に移転し、債務者もしくは第三者が従来どおり、上記の物を使用するもので、弁済できないときは、所有権が確定的に債権者に帰属するものである（清算するかどうかについては、別に述べることにする）。

この譲渡担保は、昔から、質権についての民法三四五条、三四九条を潜脱するもので無効でないかという議論があった。三四五条というのは、質権者は、質権設定者をして自己に代って質物の占有をさせてはならないという規定であり、三四九条は、質権設定者は、債権の弁済期前の特約で、質権者に弁済として質物の所有権を取得させたり、その他法律に定められた方法によらないで質物を処分することを約してはならない、すなわち、流質禁止の規定と称せられるものである。

わが国の担保制度——民法で規定されたもの——では、動産を設定者の手許に止め、それを使用しながら担保に供することができるという方法はない。なぜそうなったかはよくわからないが、公示の方法がないとかの理由など考ええられないではないが、要は、立法者が担保というものに未熟であったのだろう。

そこで、民法制定の前後から、経済界に、わが国の担保制度の欠陥を補うように譲渡担保の制度が広く行なわれるようになった。脱法行為だとか、所有権を移転させる意思が真実でないから虚偽表示であるという考え方は受けいれられるものではなかった。法の社会でも率直に、担保の方法として認められた。しかし、債権を満足させる方法、それが清算型になるまで、長い道のりがあった。

〔59〕

譲渡担保――その三　譲渡担保の有効性

大判大正五年九月二〇日・民録二二輯一八二一頁

〔事　実〕　債務者Yはその所有の家屋および動産を債権者Xに信託的に譲渡したうえでこれをXから賃借し、賃料の支払いを一ヵ月でも怠るときはXにおいてこれを解除しうる旨の特約をした。ところが、Yが賃料を支払わないので、Xは右賃貸借契約を解除して、家屋の明渡し、動産の返還を請求した。原審は、本件の信託的譲渡においては所有権が内外ともにXに移転していることを認め、賃貸借契約は有効に成立していたから、Xの解除も有効になるとして、Xの請求を認めた。Yは上告して、信託行為である以上は、内外ともに所有権が移転することを認めることはできないし、また、内部関係と外部関係との効果を異にする信託行為ではないとすると、本契約は民法三四九条および三四五条に反し、さらに賃料名義で実質上の利息をとることは利息制限法の適用を免れる脱法行為であると主張した（我妻編・民法基本判例集〔第六版〕二二七頁参照）。

〔判　文〕　棄却「当事者間ニ於テモ所有権移転ノ効果ヲ発生セシムル趣旨ヲ以テ信託売買ヲ為シタル場合ニ於テハ、債権者ガ其売買ノ目的物ヲ債務者ニ賃貸シ賃借料ヲ収ムルガ如キ、債務者ガ弁済期ニ至リ其債務ヲ弁済セザル場合之ヲ処分スルガ如キハ、何レモ所有権行使ノ当然ノ結果トシテ固ヨリ適法ナルノミナラズ、如上信託売買ノ場合ニ於テハ当事者ノ意思真正ニ所有権ヲ譲渡スルニ在リテ、単ニ質権又ハ抵当権設定ノ場合ト同一ノ効果ヲ発生セシメンガ為メ所有権ノ移転ヲ仮装シタルモノト観ルベキニ非ザルガ故ニ、債権者ガ債務者ヲシテ其債務弁済ニ至ル迄右売買ノ目的物ヲ自己ニ代リ占有セシムルモ、民法第三四五条ノ禁止規定ノ適用ヲ避脱センガ為メニスル不正行為ヲ以テ目スベキモノニ非ズ。」

〔解　説〕　この判決も、譲渡担保は民法三四五条を潜脱するものでないことを明言し、有効な制度だといっている。

特に、所有権移転行為は仮装行為でないことを強調する。ただ注意すべきは、担保のために所有権を移転するのだといっていることである。一般ならば、所有権を譲り受けた者は、その目的物を焼こうが、煮ようが自由なはずである。しかし、担保のためにする所有権移転は、まさに担保のためである。担保権者は、弁済期前にその目的物を処分してはならないという義務を負う。したがって、それを処分してしまうと債務不履行の責任を負わされる。そういう負担のついた所有権移転である。

そういう制約をうけるにしろ、ともかく真正に所有権を移転するものである。信託的譲渡といわれるものである。

ともかく脱法行為などではない。ただ、単純な所有権移転ではない。そこで判例は苦労する。

そして、この問題にメスをいれてゆくのである。

① 判例は、所有権が外的には移転するが、内(部)的には移転しないタイプと内外ともに移転するタイプにわけてゆく。

② つぎに、①とほぼパラレルだが、弱い譲渡担保と強い譲渡担保にわける。

③ そして、清算型の譲渡担保を認めてゆく。他方、流《ながれ》型の譲渡担保も認める。

④ ほぼ清算型に落ちつくが、担保として捉えきれない部分も残す。すなわち、目的物が他の債権者によって差し押えられた場合である。担保権者が第三者異議の訴えをおこせると判例はいう。

こういう流れで判例は発展してゆく。

〔60〕 譲渡担保——その四　所有権移転の形態（その一）

大判大正五年九月二〇日・民録二二輯一八二一頁

〔事　実〕　債務者Yは、その所有の家屋および動産を債権者Xに信託的に譲渡したうえでこれをXから賃借し、賃料の支払いを一ヵ月でも怠るときはXにおいてこの契約を解除しうる旨の特約をした。ところが、Yが賃料を支払わないので、Xは右賃貸借契約を解除し、家屋の明渡し、動産の返還を請求した。原審は、本件信託的譲渡においては所有権が内外ともにXに移転していることを認めたうえで、賃貸借契約は有効に成立し、Xの解除も有効だとして、Xの請求を容れた。Yは上告して、信託行為である以上は内外ともに所有権が移転することを認めることはできないし、また、内部関係と外部関係との効果を異にする信託行為ではないとすると、本契約は民法三四九条、三四五条に反する、と主張した。

〔判　文〕　棄却「債権担保ノ目的ヲ以テスル信託的所有権譲渡行為ニ在リテハ、第三者トノ関係ニ於テノミ所有権移転ノ効果ヲ発生スベク、当事者内部ノ関係ニ於テハ同一ノ効果ヲ発生セザルモノト為スヲ通常トスト雖《いえど》モ、当事者間特別ノ意思表示ヲ以テ外部関係ニ於ケルト共ニ内部関係ニ於テモ所有権ヲ移転スベキモノト為スヲ妨ゲズ、蓋《けだ》シ債権担保ノ為メニスル信託売買ハ、債務者ガ其債務ノ弁済期ニ至リ之ガ履行ヲ為サザル場合ニ於テ債権者ヲシテ容易ニ売買ノ目的物ヲ処分シ之レニ依リテ完全ナル弁済ヲ受クルヲ得セシメンガ為メニ為スモノニ外ナラザレバ、此目的遂行ノ便宜ノ為メ当事者間ニ於テモ所有権移転ノ効力ノ発生スベキモノト為スガ如キハ、其有効ナルコト契約自由ノ原則ニ照シ毫《ごう》モ疑ヲ容レザレバナリ。」

〔解　説〕 目的物の所有権を移転することによってなされる譲渡担保・売渡担保が有効であることは〔58〕で述べた。この所有権の移転をどう法的に構成するかが、かつて広く議論された。これらの議論は、当時、ドイツで行なわれたこれを巡る議論に影響を受けている。

かなり長い間にわたって、判例は、所有権移転の態様を二つにわけてきた。所有権が外部的には（第三者に対する関係においてはということであるが、以下「外的」という言葉を使う）担保権者に移転するが、内部的には（契約当事者間ではという意味だが、以下「内的」という言葉を使う）移転しない型がその一であり、外的のみならず、内的にも目的物の所有権が担保権者に移転するものがその一である。

外的にのみ所有権が移転する場合――。債務者＝設定者が弁済期に弁済しないときは、債権者＝担保権者（以下、一々こういう「＝」は使わない）が目的物を売却した場合、その代金を元利金に充当し、なお残余があるときは債務者に返さなければならない。まだ売却していない場合は、債務者は元利金を債権者に提供して目的物の返還を求められる（これを受戻権とよぶ）。もし、特約で、弁済期に弁済できないときは、目的物の所有権は決定的に債権者に帰属し、債務はそれによって弁済されたことになり、返還請求はできない、と約することは差し支えない。

所有権が内的にも外的にも移転している場合——。この場合には、前述の特約と同じことで、弁済期に弁済できないときは、所有権は完全に債権者に帰属し、もって債権は消滅し、債務者は目的物の返還を請求することはできない。

もし、当事者が何も定めていないときは、この判例は、外的にのみ所有権が移転する譲渡担保と解すべきだとしている。そして、そうでないと主張する場合には、その旨の反証をしなければならないとしている。

学説は、こぞってこれを支持した。債権の担保だからというわけである。いまの考え方では、清算型であるべきで、流《なが》型《れ》とすべきでないということになる。

〔61〕 譲渡担保――その五　所有権移転の形態（その二）

大判（連合部）大正一三年一二月二四日・民集三巻五五五頁

〔事　実〕 債務者Xは、債権者Yの要求により、二、〇四五円の債務につき、一〇年間の年賦弁済を約するとともに、所有の不動産を売渡担保に供し、Yに引き渡した。Xは第一回の年賦金を払っただけである。Yは、担保権設定から一〇年目に担保物のうちの建物を取り壊した。Yの主張によると、この売渡担保は、再売買の予約の形式をとり、特約によって、Xが支払を遅延すれば、催告をしないで予約を当然に解除しうることになっており、YはXの不履行により予約を解除したというのである。Xは、本売渡担保では、所有権は外部的にしか移転していないから、Yの行為は他人の所有権を侵害するものだとして、損害賠償を請求するとともに、その他の不動産の所有権確認を請求した。原審は、反証のない以上、所有権は内部的にも移転したものと解すべく、Yの行為はXの所有権侵害にはならないとして、X敗訴。Xは上告して、原審の考え方は、従来の判例理論に反すると主張した。

〔判　文〕　棄却「凡《およそ》権利ハ一定ノ権利者ニ属スルカ又ハ属セザルカ二者其ノ一ヲ出デザルヲ原則トシ、権利ガ利害関係人ノ異ナルニ従ヒ其ノ所属ヲ異ニシ、或者ニ対シテハ甲ガ権利者タリ他ノ者ニ対シテハ乙ガ権利者タリト云フガ如キハ異例ニ属ス、当事者ガ法律行為ヲ為スニ当リ異例ノ事態ハ通常其ノ生ゼシメザル所ナルガ故ニ、債権担保ノ目的ヲ以テスル財産権譲渡ノ場合ニ於テ、当事者ハ或ハ内部関係ニ於テモ外部関係ニ於テモ財産権ヲ譲受人ニ移転スルノ意思ヲ以テ譲渡ヲ為スコトアリ、或ハ内部関係ニ於テハ財産権ヲ移転セズ外部関係ニ於テノミ之ヲ移転スルノ意思ヲ以テ譲渡ヲ為スコトアリト雖《いえども》、其ノ何レナルヤ当事者ノ意思明ナラザル場合ニ於テハ、其ノ意思ハ内外共ニ財産権ヲ移転スルニ在リト推定スルヲ相当トス。従テ外部関係ニ於テノミ財産権ヲ移転シ、内部関係ニ於テハ之ヲ移転セザル意思ヲ以テ譲渡ヲ為シタル旨ヲ主張スル者ハ其ノ事実ヲ証明スルノ責任アルモノトス。然ラバ原審ガ本件不動産ノ売渡抵当ニ付テハ内部関係ニ於テ其ノ所有権ヲ債権者タルYニ移転セザル特約アリトノX主張ノ事実ヲ証スルニ足ルモノナキヲ以テ、其ノ所有権ハ内外両関係ニ於テYニ移転シタルモノト認ムル旨判断シタルハ正当ニシテ論旨ハ理由ナシ。」

〔解　説〕　せっかく判例が、所有権は内的には移転しないのが原則だとしてきたのを逆行させるものだと批判された判例である。すなわち、判例が、担保として把握するのにどう苦労してきたかを少しも省みなかったものである。所有権に拘泥しすぎたのである。ただ、注意すべきは、内的に移転しない型、すなわち清算型の譲渡担保を否定したわけではない。次のようにいっているのである。

譲渡担保とされた場合は、内的にも外的にも目的物の所有権が担保権者に移ると解すべきだ。所有権が内的には移らないと解すること、すなわち第三者に対する関係では所有権が担保権者に、当事者間では設定者のもとに所有権があると解すること、すなわち所有権が分属すると解することは、異常なことだから、これを原則とするわけにはいかない。物権法理論にふさわしい、内外ともに所有権が移ることをもって本則とすべきだというのである。そのうえで、外的にのみ目的物の所有権が移る型であると主張する者は、それを立証すべきだというのである。

この判決は、連合部判決である。この影響は極めて強かったと思われる。もし、この判決が逆だったら、譲渡担保が清算型として定着するのはもっと早かったと思われる。譲渡担保を論ずるにあたって見逃せない判決である（〔60〕・〔61〕とも、事実などは「我妻編・民法基本判例集〔第六版〕」によっている）。

〔62〕 譲渡担保――その六　強い譲渡担保・弱い譲渡担保

大阪高判昭和四〇年三月一五日・判時四一一号六八頁

〔事　実〕　Y会社の経営者Aは、Bから金を借り、弁済期を三ヵ月後とし、その担保のため、所有家屋をBに売り渡し、Bは移転登記を弁済期まで猶予すること、Aは弁済期までは買戻権をもつことを約した。BはAから移転登記に必要な書類の交付を受け、売買予約を原因とする仮登記をし、引き続きAに使用させていた。弁済期にAは弁済しないので、Bは本件家屋の移転登記をなし、その後、XがBから右家屋を買い受け移転登記をした。ところが、他方、YがAから本件家屋を賃借し、占有している。そこで、XからYに対して明渡しを請求し、併せて不法占拠による損害の賠償を請求した。原審は、Xの請求を認めたので、Yは控訴し、本件譲渡担保契約は無効であると主張した。

〔判　文〕　控訴棄却「BとAとの金銭賃借につき締結された担保契約は弁済期の経過により目的物たる本件家屋の所有権が確定的に債権者に帰属するとともに、それによってAの債務を消滅させる趣旨のいわゆる担保流れの特約ある譲渡担保契約と解するのが担当である。……(利息などを加えてAの)残債務は金二五万円余となることが計算上明らかである。そうすると、本件担保契約はAが貸金二五万円余を約三か月後の弁済期に支払うことができなければ、時価約八五万円の本件家屋をBに取得させることを約したことになるが、Bが当時Aの窮迫、浅慮、無経験に乗じて不当の利得をえる目的で右契約を結んだことは、本件の全立証によってもこれを認めることはできないから、前記債権額に比べ担保の目的となった本件家屋の価額が約三・四倍に達するからといって、本件譲渡担保契約が公序良俗に反して無効だということはできない。……そこでYの本件家屋に対する占有権原の有無について判断する。Yが本件家屋を占有していることは当事者間に争いがないが、Bは前認定のとおり本件譲渡担保契約の約旨に従い昭和二四年七月一八日本件家屋の所有権を取得したのであるから、その後である昭和二五年五月四日にY主張のようにYがAから本件家屋を賃借したとしても、右賃貸借契約をもってBに対抗できないことは明らかであり、また、Bが右賃貸借を承認していたとのYの主張を認めるに足りる証拠はない。さらに、Y主張のように、Yが本件家屋を占有利用している関係は、従前Aが本件譲渡担保に従ってこれを占有利用していた関係と実質上同一視できるものとしても、前認定のように本件譲渡担保契約の約旨によって本件家屋の所有権が確定的にBに帰属した以上、

Aあるいは Yは爾後本件家屋に対する使用収益の基礎を失ったものといわねばならない。したがって本件家屋に対するYの占有権原の主張はすべて理由がなく、YはXに対して本件家屋を明渡すべき義務がある。」

〔解　説〕　いわゆる強い譲渡担保・弱い譲渡担保と称し始めたのは我妻博士である（我妻・担保物権法六〇四頁）。いままでは前者を流型といい、後者を清算型と称する。

この判決は、高裁段階での判例であるが、非常にわかり易く述べているので、これをとりあげることにした。

この判例自体は、強い譲渡担保という言葉をそのまま使っているわけではない。もっとそのなかみを率直に表現し、「担保流れの特約」といっている。いま使っている流《ながれ》型がこのとき使われているといってよい。

いまは、担保は、清算型であるべきだというところから、原則として、流型を認めないのが通説だが、商事質では流質を認めるのだから（商五一五条）、商事の譲渡担保でも認めてしかるべきであろう。

〔63〕 譲渡担保——その七

最判昭和三八年一月一八日・民集一七巻一号二五頁

〔事　実〕 Xは、生活に困窮し、昭和二八年九月Yから六万円を利息三ヵ月につき一万円、弁済期同年一一月二五日と定めて借り受け、山林をその担保に供し、金七万円で右山林を売り渡し、弁済期までにXが買戻しをしないときはYにおいて移転登記ができる旨を記載した売渡証を差し入れた。Xが弁済期を徒過したのでYが移転登記をしたが、これに対してXから、弁済供託により債務は消滅したので登記を抹消するとの主張がなされ、また、流担保の定めがあり、かりに上記の主張が認められないとしても、担保物の価格は五〇万円ないし一〇〇万円であり、YがXの窮迫に乗じてXに著しく不利益な契約を締結させたことになり公序良俗に反する無効の契約であるから登記の抹消を請求する、として訴えを提起。原審は、本件担保契約は買戻特約付売買ではなく、流担保の特約のある譲渡担保であるとした上で、弁済期徒過後の弁済供託によっては担保物の返還を請求することはできないはずであるが、本件においては担保物の価格が元利金七万七〇〇〇円の約八倍の六〇万円を下らず、YはXの困窮に乗じてXに著しく不利な契約を締結させたのだから、本件譲渡担保契約は公序良俗に反して無効である、と判示して、Xの請求を容れた。Y上告（体系民法判例Ⅲ―二〔三藤教授担当〕による。この本は絶版になったが、いい本である）。

〔判　文〕　破棄差戻「論旨（上告理由）は、右譲渡担保契約は無効と解すべきものではなく、債務の弁済期限を過ぎた場合は、担保権者は本件不動産を競売して売得金を弁済に充てる権利を有するにすぎないものである、と主張するので考えると、前示事情の下において前記債務の支払に代えて本件不動産の所有権を債権者に取得せしめる旨を約定することは公序良俗に反すること判示のとおりであるとしても、その無効となるべきものは、本件不動産による代物弁済の約定のみであって、それがために本件譲渡担保契約全部を無効とし、全然無担保の貸借とすることは寧《むし》ろ当事者の意思に副わざるものであるやも知れず、当事者としては、全然無担保の貸借となるよりは、少くとも担保物件を他に売却して、売得金中より本件債務の弁済を受けるというが如き方法によっても本件譲渡担保契約の有効として維持せんとする意思がないとは断言し難いのであり、かかるいわゆる弱い譲渡担保の効力まで否定することは却って当事者の意思に反する結果となる場合なしとしないのである。原審としては本件譲渡担保の趣旨を釈明し更に審理を尽《つ》くすべきであるに拘らず、この点につき判断を加えることなく、前示の理由のみで直ちにYに対し本件所有権移転登記の抹消登記手続を命じた原判決は破棄を免れない。本件は、なお叙上の点につき審理判断を要するので、本件を原審に差戻すべきである。」

〔解　説〕 弱い譲渡担保という言葉が登場してくる。我妻博士もその旨を述べておられる（我妻・前掲書六〇四頁）。

かつて、丸どりか無効か、オール・オア・ナッシングではおかしいと議論されたのは代物弁済の予約をめぐってであった。全く同じことが譲渡担保でもおきていた。強い譲渡担保、いわゆる流《ながれ》型が幅をきかせていた頃である。

弱い譲渡担保とは清算型のものをさし、その方法として本判決は目的物件を処分してそれによって清算すべき旨をあげている。

いまでは使わなくなったこれらの名称も、清算型が原則であるとする結論（判例だが）までの歩みの一里塚であったことを思うと懐かしい。

本判決は、弱い譲渡担保ともとれるからと遠慮気味にいっている。当時はそうであったのだろう。

〔64〕 譲渡担保――その八

最判昭和六二年一一月一〇日・民集四一巻八号一五五九頁

〔事　実〕　AはXに対する商品代金債務などの一切の債務につき、極度額二〇億円の限度で担保するため、Aの第一ないし第四倉庫内及び同敷地・ヤードを保管場所として保管する普通棒鋼、異形棒鋼等一切の在庫商品の所有権をXに移転し、占有改定による引渡しもなされた根譲渡担保を設定した。そして、将来、同種または類似の物件を製造または取得したときは、すべて上記の保管場所に搬入するものとし、この物件も当然に譲渡担保の目的になることを約した。その後、XはAに対して、棒鋼、鋼材などを継続して売り渡し、三〇億円以上の売掛代金債権を取得していた。他方、AはYからも異形棒鋼を買いうけ、前記の保管場所に搬入した。Yは、これらの物件につき代金債権に基づく先取特権があると主張して競売の申立てをなした。これに対し、Xが第三者異議の訴えを提起した。原審は、第一審の考え方を支持した。譲渡担保契約の成立時に目的物の範囲は特定されており、後から搬入された本件物件も当然に譲渡担保の目的物になると解すべく、また、いったん集合動産について占有改定がなされると、民法三三三条により、Yは先取特権を行使することができないことになるというのである。そこでYは上告した（この種のものを変動物譲渡担保とする）。

〔判　文〕　棄却「構成部分の変動する集合動産であっても、その種類、所在場所及び量的範囲を指定するなどの方法によって目的物の範囲が特定される場合には、一個の集合物としての譲渡担保の目的とすることができるものと解すべきであることは、当裁判所の判例とするところである（昭和五三年（オ）第九二五号同五四年二月一五日第一小法廷判決・民集三三巻一号五一頁参照）。そして、債権者と債務者との間に、右のような集合物を目的とする譲渡担保権等設定契約が締結され、債務者がその構成部分である動産の占有を取得したときは債権者が占有改定の方法によってその占有権を取得する旨の合意に基づき、債務者が右集合物の構成部分として現に存在する動産の占有を取得した場合には、債権者は、当該集合物を目的とする譲渡担保権につき対抗要件を具備するに至ったものということができ、この対抗要件具備の効力は、その後構成部分が変動したとしても、集合物としての同一性が損なわれない限り、新たにその構成部分となった動産を包含する集合物について及ぶものと解すべきである。したがって、動産売買の先取特権の存在する動産が右譲渡担保権の目的である集合物の構成部分となった場合においては、債権者は、右動産についても引渡を受けたものとして譲渡担保権を主張することができ、当該先取特権者が右先取特権に基づいて動産競売の申立をしたときは、特段の事情のない限り、民法三三三条所定の第三取得者に該当するものとして、訴えをもって、右動産競売の不許を求めることができるものというべきである。」

〔解　説〕　ある目的のために集められた物の集合体を集合物という。わが国は一物一権主義をとっているから、かかる集合物の上に一個の所有権（物権）を認めるわけにいかず、それが譲渡されれば、個々の物にそれぞれ所有権が成立し、それぞれ移転すると構成されることになる。しかし、担保などではまことに不都合である。そこで、財団抵当の諸法が立法され、昭和五〇年代になると譲渡担保の設定の場合、この上に所有権（譲渡担保権）の成立を認めるようになった（最判昭和五四年二月一五日・民集三三巻一号五一頁）。判例は、目的物の種類、所在場所、量的範囲を指定するなどなんらかの方法で目的物の範囲が特定される場合であることが必要である旨をいっている。それは、本件のように、目的物（構成部分）が変動する集合物でも同じである。本件では目的物の種類及び量的範囲――普通棒鋼、異形棒鋼等一切の在庫商品というようにーーと、所在場所――第一～四倉庫内及び同敷地・ヤード内――が明確に示されているから、上記の要件に合うのである。

〔65〕 譲渡担保――その九

大判大正五年九月二〇日・民録二二輯一八二一頁

〔事　実〕 債務者Yはその所有の家屋および動産を債権者Xに信託的に譲渡したうえでこれをXから賃借し、賃料の支払いを一ヵ月でも怠るときはXにおいてこれを解除しうる旨の特約をした。ところが、Yが賃料を支払わないので、Xは右賃貸借契約を解除して、家屋の明渡し、動産の返還を請求した。原審は、本件の信託的譲渡においては所有権が内外ともにXに移転していることを認め、賃貸借契約は有効に成立していたから、Xの解除も有効になるとして、Xの請求を認めた。Yは上告して、信託行為である以上は、内外ともに所有権が移転することを認めることはできないし、また、内部関係と外部関係との効果を異にする信託行為ではないとすると、本契約は民法三四九条および三四五条に反し、さらに賃料名義で実質上の利息をとることは利息制限法の適用を免れる脱法行為であると主張した（我妻編・民法基本判例集〔第六版〕二二七頁参照）。

〔判　文〕　棄却　「債権担保ノ目的ヲ以テスル信託的所有権譲渡行為ニ在リテハ第三者トノ関係ニ於テノミ所有権移転ノ効果ヲ発生スベク当事者内部ノ関係ニ於テハ同一効果ヲ発生セザルモノト為スヲ通常トスト雖モ、当事者間特別ノ意思表示ヲ以テ外部関係ニ於ケルト共ニ内部関係ニ於テモ所有権ヲ移転スベキモノト為スヲ妨ゲズ。蓋《けだ》シ債権担保ノ為メニスル信託売買ハ、債務者ガ其債務ノ弁済期ニ至リ之ガ履行ヲ為サザル場合ニ於テ債権者ヲシテ容易ニ売買ノ目的物ヲ処分シ之レニ依リテ完全ナル弁済ヲ受クルヲ得セシメンガ為メニ為スモノヨニ外ナラザレバ、此目的遂行ノ便宜ノ為メ当事者間ニ於テモ所有権移転ノ効力ノ発生スベキモノト為スガ如キハ其有効ナルコト契約自由ノ原則ニ照シ毫《ごう》モ疑ヲ容レザレバナリ。……当事者間ニ於テモ所有権移転ノ効果ヲ発生セシムル趣旨ヲ信託売買ヲ為シタル場合ニ於テハ、債権者ガ其売買ノ目的物ヲ債務者ニ賃貸シ賃借料ヲ収ムルガ如キ、債務者ガ弁済期ニ至リ其債務ヲ弁済セザル場合之ヲ処分スルガ如キハ、何レモ所有権行使ノ当然ノ結果トシテ固ヨリ適法ナ」リ。

〔解　説〕　譲渡担保を担保という制限があるにせよ所有権移転という形をとるから、所有権を失った所有権者＝設定者が従来どおり使うためには移転した譲受人＝担保権者から賃借せざるを得ない。この判例はこのことを示したものである。この場合、賃料が実質的には利息にあたる。

このような形式はいまも行なわれることが少なくない。人はこれを所有権的構成などとよぶ。しかし、譲渡担保を抵当権のごとく全く担保であると考えるものは、いわゆる担保的構成をとる者は、このような形式を全く必要とせず、従来どおり使用・収益できるものだという。譲渡担保権はその実行について清算型であるべきだという線に判例は落ちついたと見ていいが、どういう形態でなされるかなどについては未だ定まった形式に落ちついたわけではない。この判例が、いまでも意味をもち得るのはそのためである。

判例索引（年月日順）

大判明治30年12月 8 日民録 3 輯12巻36頁 ……………………………203
大判明治36年11月13日民録 9 輯1221頁……………………………………95
大判明治41年 3 月20日民録14輯313頁……………………………………203
大判明治44年 3 月20日刑録17輯420頁 ……………………………………55
大判大正 2 年 1 月24日民録19輯11頁 ……………………………………154
大判大正 2 年12月11日民録19輯1010頁 …………………………………200
大判大正 3 年 7 月 4 日民録20輯587頁 ……………………………………37
大判大正 3 年11月 2 日民録20輯865頁……………………………………227
大判大正 4 年 7 月 1 日民録21輯1313頁 …………………………………114
大判大正 5 年 5 月31日民録22輯1083頁……………………………………93
大判大正 5 年 9 月 5 日民録22輯1670頁……………………………………62
大判大正 5 年 9 月20日民録22輯1821頁 ………………………231,234,249
大判大正 5 年12月25日民録22輯2509頁……………………………………50
大判大正 6 年 7 月26日民録23輯1203頁……………………………………46
大判大正 7 年 2 月28日民録24輯320頁……………………………………162
大判大正 7 年 5 月18日民録24輯984頁……………………………………207
大判大正 8 年 3 月15日民録25輯473頁 ……………………………75,76,82
大判大正 9 年 1 月29日民録26輯89頁 ……………………………………210
大判大正 9 年 5 月 5 日民録26輯1005頁 …………………………………141
大判大正10年 3 月 4 日民録27集404頁……………………………………211
大決大正10年 7 月 8 日民録27輯1313頁……………………………………85
大判大正10年12月23日民録27輯2175頁……………………………………14
大判大正11年 6 月 3 日民集 1 巻280頁 ……………………………………36
大判大正11年 6 月28日民集 1 巻359頁……………………………………144

大判（連合部）大正12年４月７日民集２巻209頁……………………101
大判（連合部）大正12年12月14日民集２巻676頁……………………124
大判（連合部）大正13年12月24日民集３巻555頁……………………237
大刑決（連合部）大正14年７月14日刑集４巻484頁 …………………53
大刑判大正14年９月11日新聞2496号13頁………………………………53
大判昭和５年６月27日民集９巻619頁 …………………………………65
大判昭和５年９月30日新聞3195号14頁…………………………………23
大判昭和５年12月18日民集９巻1147頁…………………………………76
大判昭和６年７月21日民集10巻585頁…………………………………153
大判昭和７年５月18日新聞3407号15頁…………………………………97
大判昭和７年８月29日民集11巻1729頁 ………………………………192
大判昭和８年４月26日民集12巻767頁…………………………………220
大判昭和８年12月18日民集12輯2845頁…………………………………76
大判昭和９年７月２日民集13巻1489頁…………………………………85
大判昭和10年１月25日新聞3802号12頁…………………………………77
大判昭和10年５月13日民集14巻876頁 …………………………………21
大判昭和10年７月21日民集14巻1449頁 ………………………………184
大判昭和10年８月10日民集14巻1549頁 ………………………………117
大判昭和10年12月24日新聞3939号17頁…………………………………27
大判昭和12年７月９日民集16巻1162頁 ………………………………155
大判昭和14年７月26日民集18巻772頁…………………………………130
大決昭和15年８月24日民集19巻1836頁 ………………………………186
大判昭和15年９月３日新聞4624号７頁 ………………………………207
大判昭和16年４月30日法学10巻1097頁…………………………………27
大判昭和16年５月15日民集20巻596頁…………………………………144
大判昭和16年６月14日民集20巻873頁…………………………………162
最判昭和29年12月23日民集８巻12号2235頁 …………………………134

最判昭和30年３月４日民集９巻３号229頁 ……………………………25
最判昭和30年５月13日民集９巻６号698頁 ……………………………79
最判昭和34年６月25日民集13巻６号810頁 ……………………………73
最判昭和34年９月３日民集13巻11号1357頁 ……………………………6
最判昭和34年12月25日民集13巻13号1659頁 …………………………160
最判昭和33年５月９日民集12巻７号989頁 ……………………………70
最判昭和36年２月10日民集15巻２号219頁……………………………112
最判昭和36年６月23日民集15巻６号1680頁 …………………………152
最判昭和37年９月４日民集16巻９号1854頁 …………………………114
最判昭和38年１月18日民集17巻１号25頁 ……………………………243
最判昭和38年２月19日裁判集民事64号473頁 …………………………12
最判昭和38年２月26日裁判集民事64号663頁…………………………150
最判昭和38年３月１日民集17巻２号269頁……………………………196
最判昭和38年８月27日民集17巻６号871頁……………………………157
最判（大法廷）昭和38年10月30日民集17巻９号1252頁………………28
最判昭和39年６月19日民集18巻５号795頁……………………146,149
大阪高判昭和40年３月15日判時411号68頁……………………………240
最判昭和40年４月16日判時409号30頁…………………………………205
最判昭和40年４月30日民集19巻３号768頁 ……………………………11
最判昭和40年５月４日民集19巻４号811頁 ……………………………79
最判昭和40年10月７日民集19巻７号1705頁……………………………66
最判昭和41年３月１日民集20巻３号348頁……………………………206
最判昭和42年９月29日民集21巻７号2034頁 …………………………181
最判昭和43年９月27日民集22巻９号2074頁 …………………………145
最判昭和44年３月28日民集23巻３号699頁 ……………………74,79,87
最判昭和44年７月３日民集23巻８号1297頁 …………………………179
最判昭和44年11月４日民集23巻11号1968頁 …………………………134

最判昭和44年11月27日民集23巻11号2251頁……31
最決昭和45年３月27日刑集24巻３号76頁……58
最判昭和45年６月16日判時600号84頁……149,158
最判昭和45年７月16日民集第24巻７号965頁……109
最判昭和46年３月25日民集25巻２号208頁……205
最判昭和46年10月21日民集25巻７号969頁……33
最判昭和46年12月21日民集25巻９号1610頁……137
最判昭和47年11月16日民集26巻９号1619頁……9
最判昭和48年９月18日民集27巻８号1066頁……120
最判昭和50年８月６日民集29巻７号1187頁……213
最判昭和51年２月27日判時809号42頁……115
最判昭和51年６月17日民集30巻６号616頁……1,15
最判昭和52年２月17日民集31巻１号67頁……169
最判昭和52年３月11日民集31巻２号171頁……78
最判昭和52年10月11日民集31巻６号785頁……116
最判昭和53年６月15日民集32巻４号729頁……156
最判昭和53年７月４日民集32巻５号785頁……173
最判昭和53年９月29日民集32集６号1210頁……130
最判昭和54年２月15日民集33巻１号51頁……247,248
最判昭和57年３月12日民集36巻３号349頁……90
最判昭和58年12月８日民集37巻10号1517頁……105
最判昭和59年２月２日民集38巻３号431頁……41,104
最判昭和60年５月23日民集39巻４号940頁……172
最判昭和60年７月19日民集39巻５号1326頁……45
最判昭和62年11月10日民集41巻８号1559頁……48,246
最判平成元年６月５日民集43巻６号355頁……168
最判平成元年10月27日民集43巻９号1070頁……108

最判平成２年１月22日民集44巻１号314頁……………………………128
最判平成３年３月22日民集45巻３号268頁……………………………163
最判平成３年３月22日民集45巻３号322頁……………………………179
最判平成３年７月16日民集45巻６号1101頁……………………………17
最判平成４年11月６日民集46巻８号2625頁 …………………………177
最判平成５年１月19日民集47巻１号41頁 ……………………………216
最判平成６年７月14日民集48巻５号1126頁……………………………86
最判平成６年12月20日民集48巻８号1470頁 …………………………133
最判平成９年６月５日民集51巻５号2096頁 …………………………188

著者紹介

遠藤　浩（えんどう ひろし）

1921年生れ

学習院大学名誉教授

主要著書

民法入門（BSIエデュケーション），民法総則（日本評論社），民法基本判例１（信山社），民法基本判例２（信山社），判例コンメンタール民法総則（我妻・有泉と共著・日本評論社），その他

民法基本判例３　担保物権

2001年11月10日　初版第１刷発行

著　者　遠藤　浩

発行者　今井貴＝村岡侖衛

発行所　信山社出版株式会社

〒113-0033　東京都文京区本郷6-2-9-102

モンテベルデ第２東大前

TEL　03−3818−1019

FAX　03−3818−0344

印刷・製本　勝美印刷

ISBN　4-7972-5261-8　C3032